乱离情愫

LUAN LI QING SU

恩怨沧桑
中国近现代文化名人交往丛书
方忠/主编

刘东玲 ◎ 著

萧红 的恩怨交往

XIAOHONG DE ENYUAN JIAOWANG

人 民 出 版 社

目　录

CONTENTS

前　言

在传统已不再给女性带来巨大束缚的当代社会来书写萧红，我不知道是否能真正理解萧红。萧红的境遇以及她的境遇的前因后果，仅仅是因为时代的局限，还是个人性格的局限。如果单纯地归咎于她身处的时代，似乎可以解释部分原因，那个时代，父权制和家长制依旧有着强大的力量，五四时期的女作家庐隐就出生于这样一个坚持"男尊女卑"的传统家长制家庭，五四时期也有典型的北京女子高等师范学校的女学生李超事件(执着求学，抗拒家庭包办婚姻，断绝支援，终染病身死的)。萧红在 10 年之后面对如此境遇，时代给予她的可能性又有多少呢？

从个人性格而言，萧红是敏感的，也是孤独的，而她同时又格外渴望得到庇护。童年时期的萧红有唯一的祖父可以庇佑她，而祖父的庇佑却也是有限的；毕竟萧红无法得到来自至亲的父母的爱。这种爱的缺失如同先天不足的匮乏，一直萦绕着萧红一生。因为误信与盲从而与自己厌恶的父亲许配的男子汪殿甲同居，这是带给萧红一生巨大灾难的节点。一个仅仅 20 岁左右的女子，拖着有孕之身，忍受着饥饿、孤独、痛苦，加之被卖身的威胁，这种危险的境遇加重了萧红对庇护的强烈渴求，同时被幽禁的恐惧也成为萧红无法跨越的心理症结。我们在萧红之后的人生境遇中，一再地看到萧红对孤独与无助的恐惧：在哈尔滨与萧军艰难度日时，独自一人在家的萧红有时深刻地感受到孤独和愁苦，虽然这个时刻有救她出于危难的萧军在庇护着他;在上海当萧红与萧军感情出现裂痕时,她无法忍受一人独坐屋中的愁苦,她时常到鲁迅家中寻求精神安慰;重庆时期,萧红更是将愁苦隐藏在自我的内心深处,甚至对身边给予相助的熟悉的朋友都不提及。痛苦与失落到了唯有自己一人独自饮啜苦酒的境地,那般绝望该是如何沉痛!香港时期,由于对与端木蕻良的感情感到失望,加之故友疏离,萧红时常感到孤独;这种孤独到了她病重的时刻,由于端木蕻良的疏离,使她几乎对自己成年后近乎梦魇般的孤独感有一种深刻的绝望。在骆宾基陪伴她度过的生命的最后的四十天中,她对自己生命历程的回溯又何尝不是最后时刻痛苦的回望与诉说。在不幸的遭遇中,萧红变得敏感而脆弱的心灵,使她对温情与庇护的渴望是多么强烈。而终其一生,却始终没有在至亲的亲人与后来的爱人那里得到真正长久的内心的安宁。

无望的境遇对人的性格的发展有可能产生两种影响:或刚强或脆弱。在现代女作家丁玲身上反映为一个女性在那个时代的决绝与反抗。现代女作家白薇则以孤身一人的境遇反抗包办婚姻,她逃出夫家,艰难求生;她也曾举目无亲,流落在日本街头,然而她终于考入东京女子高等师范,走上了独立之路。但在萧红这里,不幸的境遇带给萧红更多的则是幽闭与恐惧的心理症结。虽然丁玲也经历了与舅父为其包办的旧式婚姻抗婚的斗争,经历了年轻丈夫死难的内心挣扎,但丁玲在这样的经历中变得更加刚强。不可忽视的是,丁玲有一位慈爱的母亲,一位自立且始终鼓励女儿自立,并在危难时刻给予精神支持的母亲,这种家庭氛围和家庭教育是萧红所匮乏的。

在新旧转换之际的现代女性,同时也经历着情感的遭遇与考验,这种遭遇带了她们不同的影响。萧红的初次感情遭遇曾带给她毁灭性的威胁,致使她终生难以摆脱孤独幽闭感的侵袭。现代女作家庐隐也成长于冷落疏离的家庭,然而庐隐在时代的大潮下,走向了特立独行之路。她惊世骇俗的爱情经历以及对爱情中复杂的内心情感的书写,向后来的读者们展示了现代女性丰富的情感与追求个性独立的精神历程。庐隐的作品折射着现代女性的内心矛盾:一方面是行动上的决绝与刚毅,另一面则显露她们伤感悲情的情绪一角。现代文学史上另一个女作家与萧红一样,也是一位始终在感情的世界中挣扎的女性——左翼剧作家白薇;她曾身患疾病,与左翼诗人杨骚的爱情纠葛,使她在个人的感情生活中历经伤痛;她曾经孤独贫困,但强烈的事业心与责任感,驱使她投身于左翼戏剧工作和左翼革命宣传工作。个人情感的症结与事业的雄心构成了她人格的两个方面,为时代写作或许是她抵御自身情感绝望的方式。

萧红与这些时代女性有所不同,对萧红而言,她在被遗忘与冷落的家庭中长大,爱的匮乏使她格外渴望爱。初涉社会,即遭欺骗,深陷绝境,萧红遭遇的心与身的绝境确实是其他女性作家不能相比的,加之这种身心绝境带给她的身体和心灵的潜在阴影,总是在她之后恢复自由的生活中,在她遭遇不快、情绪低落时,内心的敏感与身体的病痛使阴影时隐时现,成为终身无法逃避的郁结。萧红的孤独感和依赖症呈现出一种症候性的心理症状,唯有从这个角度理解她的情绪状态,才可能对她有真正的理解和同情。

即使在遭遇不幸的境遇中,她依然渴望着爱,这种个人性的体验与诉求是萧红写作的出发点。对萧红而言,爱是唯一可以慰藉她内心孤独的东西。无爱的世界是悲苦的,爱是人间给予生命意义的必需。人的生命的存在感不仅需要这种爱,一个社会的进步与文明更需要人与人之间的关爱。也正是因为如此,先天的情感匮乏使萧红终其一生,不能摆脱这种强烈的渴求,而这也是造成她在情感之路上越发敏感脆弱的原因。萧红这样的现代女性,并非如丁玲、庐隐等主动冲入时代浪潮中的现代女性,萧红是被时代裹挟着的"个人主义者"。在萧红身上,我们更多看到的是:一个孤独的个体在时代风浪中试图改变自我命运而挣扎的现代女性的生存状态,而非投入大时代的社会实现感,这使她深刻体会到人的绝境般的生存状态、个体的力量的卑微与绝望。由于她是女性,她的不幸经历更使她从生命存在的层面,更加深切地领会到芸芸众生生命的艰辛与苦难。萧红的作品并未着意书写左翼常见的阶级压迫,她书写人物在危难中挣扎的境遇,她不是从悲天悯人的知识分子视角叙述个体生命的不幸,而是从自身境遇的层面上升到对所有生命的尊重与理解,尤其是对那些在生存线上挣扎的人们。

因此,从这个层面来说,萧红的不幸,萧红的敏感与脆弱,她对爱的渴望,对温情的渴望,使她成为一个有着"细致的观察和越轨的笔致,又有不少明丽和新鲜"风格的写作者。也正因为如此,她为读者呈现出的深谙平凡人生苦痛,尤其她对从身体感受出发的女性痛苦的书写才如此吸引读者。生命的感受、不幸的生命体验无疑为萧红提供了独特的书写视角,深入到生命存在的写作也是使萧红的作品能够在文学史上留下重要一笔的原因。

呼兰萧红雕像

萧红的优秀作品并不贴合时代大主题,她的大部分作品并不书写时代的大主题,而是书写着普通人平凡生活的悲哀,以及对自己熟悉的故乡风物的回忆和描写。她笔下因包办婚姻而生命萎缩的翠姨,将爱情埋藏在内心眼睁睁地看着爱人离开的冯二成子,顽强的王婆,对爱情由憧憬而失望、看到了现实生活残酷性的金枝,被愚昧、封建、守旧的婆婆压抑少女生命意志最终丧命的小团圆媳妇。萧红笔下这些鲜活的人物,他们都是普通的芸芸众生。萧红并没有从阶级性观念地去书写这些人的悲剧,她通过书写他们日常的生活悲剧,描画一幅幅生存景象,表现人生的悲剧性。但萧红描写的日常生活绝非仅限于柴米油盐,她将柴米油盐背后的风俗文化尽摄其中,表现出特定时代氛围人生的悲剧性。

　　这种对人物所具有的同情与理解是萧红写作具有丰富生命质感的原因,因此,萧红的不幸、童年的悲哀、少年经历的不幸、感情的曲折、丰富的生命感受无疑成就了萧红细腻的书写。

引　言

　　在哈尔滨东北约三十里坐落着呼兰县,这是一个由于松花江支流呼兰河流经而得名的县城。这里是萧红的故乡。1911 年 6 月 1 日,一个女孩降生在这个县城一个姓张的大户人家,她是张家的长女,学名乃莹,这就是后来的作家萧红。萧红的父亲是当地张姓的族长,在萧红的记忆中,父亲是一个贪婪而冷酷的人,他对待仆人,对待儿女,对待萧红敬爱的祖父都是吝啬的。

　　萧红在文章中这样描述自己的父亲——过去的十年我是和父亲打斗着生活。在这期间我觉得人是残酷的东西,父亲对我是没有好面孔的,对于仆人也是没有好面孔的,他对于祖父也是没有好面孔的。因为仆人是穷人,祖父是老人,我是个小孩子,所以我们这些完全没有保障的人就落到他的手里。后来我看到新娶来的母亲也落到他的手里。他喜欢她的时候,便同她说笑;他恼怒时便骂她,母亲渐渐也怕起父亲来。

　　母亲也不是穷人,也不是老人,也不是孩子,怎么也怕起父亲来呢?

幼年的萧红与母亲

我到邻家去看看,邻家的女人也怕男人。我到舅父家去,舅母也怕舅父。

这样的父亲,是严肃而又疏远的。在萧红的记忆中,母亲也是冷漠的。在《家族以外的人》中,萧红记述了童年时贪玩的自己挨母亲的打,贪玩很晚不敢回家饿着肚子等等细节。这些记忆中的母亲看起来是凶恶的,是丝毫不能理解一个小女孩儿爱玩的天性的,这个母亲更不会鼓励女儿这种活泼爱玩的天性,而是力图去阻止或处罚孩子。萧红九岁丧母,之后父亲娶了后母,幼年的萧红很难在这个家庭感受到父爱,在成年后萧红的回忆中,她说:"父亲是冷酷和无情的,为着贪婪而失掉了人性。他对待仆人,对待自己的儿女,以及对待我的祖父都是同样吝啬而疏远。"这个家族中能给她留下爱的回忆的唯有祖父。祖父陪萧红在后花园里玩耍成为萧红记忆中关于童年的最美画面。萧红祖父去世后,她又得只身面对缺乏温暖的冰冷的家庭。祖父的死对萧红的打击是巨大的,失去了这个家庭中唯一关爱她的人,此后,家对于她的牵系失去了情感的内涵。

对于祖父的死,萧红在回忆中写道:

> 吃饭的时候,我饮了酒,用祖父的酒杯饮的。饭后我跑到后园玫瑰树下去卧倒,园中飞着蝴蝶,绿草的清凉的气味,这都和十年前一样。可是十年前死了妈妈。妈妈死后我仍是在园中扑蝴蝶;这回祖父死去,我却饮了酒。

> 我懂得的尽是些偏僻的人生,我想世间死了祖父,就没有再同情我的人了,世间死了祖父,剩下的尽是些凶残的人了。

祖父的死,对于萧红而言,是失去了至亲的人,那个不仅仅是名义上更是情感实质上真正称为亲人的人,即使母亲的死都无以替代,因为在感情层面母亲留给她的爱的记忆并不多,祖父是她爱的源泉。

在幼年萧红眼里,祖母也是一个阴鸷的女人,这是萧红在这个家族中最痛恨和讨厌的人,她体弱多病,但凶狠专横。萧红讨厌祖母,不仅仅因为她冷酷专横,更由于她冷酷地对待祖父的态度。萧红的祖父是一个温和善良的人，他不善于理财，家庭事务都交给祖母处理，祖父时常会因为没有做好事情受到祖母的责骂，与祖父的亲近本能地使萧红对冷酷的祖母有厌恶感。祖母对幼年时精力充沛的萧红无法容忍，在萧红的记忆中，幼年淘气的她戳窗纸玩时祖母竟然拿针刺进她的指尖。我们在萧红小说《呼兰河传》中小团圆媳妇的悲剧中似乎看到了萧红对阴鸷的祖母厌恶情感的迁延表达，而这种书写又显然超越了单纯的感情的憎恨，有着更深的理性反思。多年后，萧红在小说中较为理智地反思着传统文化的因循守旧造成的无事的悲剧状态。因此，在正常的关爱非常匮乏的家庭里，祖父对萧红的怜爱无疑给予了她极大的心理安慰。

因此在日后的创作中，我们在萧红的作品中看到她以温暖的笔调叙说着她与祖父的感情。

但从另一角度来看，萧红的孤独感和创伤感在很大程度上使她在成年后的创作中有意无意地放大了童年时的家庭感受。萧红幼年时生母对她的管束，客观来说是当时守旧观念下常见的家庭教育方式，萧红的母亲沿袭的依旧是约定俗成的传统文化对女性贞淑安静的训诫；在这种规训下，孩子爱玩的天性自然成为不守规

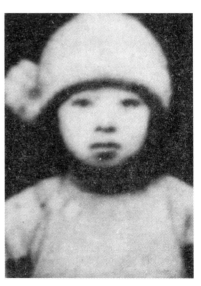

幼年萧红

矩的行为；至于萧红的父亲，严肃而疏远的态度，是幼年的萧红无法接近的。他的冷漠与自私，以及萧红由于被忽视和冷落的童年及少年生活，使她自然地与那些她更感到亲近的家族以外的人有着更和谐的关系，她对父亲的堂姓兄弟，家中的长工有二伯的同情，对刻薄的厨子杨安的厌恶，都有着明显地与家庭成员之间不同的爱憎。而

在成年后的萧红回忆中,更加深了幼年记忆中关于父母亲的不快记忆,强化了关于家庭的冷漠情感认知。萧红坚决地拒绝父亲给她安排的传统婚姻,决绝地追求自我的自由,但由于困窘和轻信,相信了汪殿甲假意许诺的爱情,使自己陷入人生的困境,加之后来经历的感情波折,那个童年喜欢爬树,出去贪玩忘了时间,偷家里的鸡蛋烧着吃,偷偷在家里的储物间里翻腾藏在隐秘处的箱子,做着各种探险的富有生命力的小女孩,由于经历了绝境般的生存,被幽禁的恐惧,使孤独和绝望的情绪成为萧红一生中无法克服的心结。这种心理症结,也使萧红在某种程度上放大了自己童年时家庭疏离的失望感。从心理认知的角度来说,对于懵懂无知的儿童来说,尚很难有理性的判断能力,但童年时父母疏离的感情经验叠加在成年后的失望心境又强化了童年的不快记忆。

萧红幼年时期的启蒙教育是从祖父的教育开始的,祖父教她读《千家诗》。1921 年,10 岁的萧红进入呼兰县南岗小学(也叫龙王庙小学)念初小一年级。1925 年进入县立女子高小。16 岁时,萧红考入哈尔滨东省特别行政区区立第一女子中学(现哈尔滨第七中学)寄宿学习。萧红在学校不仅功课好,也开始展现她对文学的兴趣,据说她的散文常在学校的壁报上出现。当时的哈尔滨是个现代化的大都市,东北的文化商业中心。萧红处身于这样一个大都市,受到新思潮、新思想、新观念的影响。萧红的父亲并不乐意女儿升学,但他也不反对女儿进入一中,因为当时这所学校是非常保守的,而且是为许多富家女子开设的学校。但时代的巨变显然是萧红父亲始料未及的,萧红加入了城中学生反对日军侵占东北领土的示威游行,虽然当时萧红和她的同学完全在懵懂和半知半解中纯粹因激情而参与游行,但这初次的面向社会留给他们一生难忘的记忆。

中学时的萧红沉静,不大爱说话,她在学校的大部分时间和经历,都花在了绘画上。她对绘画有着浓厚的兴趣,参与了绘画老师高昆成立的"野外写生画会"。在老师的培养下,三年中先后学了素描、水彩和油画,这样就有了专业的绘画基础。此外在国文教师的影响下,她阅读了新文学作品。学校图书馆的文艺书籍和哈尔滨《国际协报》的文艺版,是萧红和她的同学们经常阅读的对象;此外,他们还阅读鲁迅、茅盾、郭沫若等的作品,算是与新文学有了最初的结缘。萧红的作品也开始出现在学校的黑板报和校刊上。受当时流行思潮的影响,她喜欢"浪漫派"的作品,同时由于西方翻译作品热潮的兴起,也培养了她对"社会文学"的兴趣。

少年萧红

应当说,在哈尔滨中学的生活是萧红少年时期最为快乐的时期,寄宿生活使她暂时远离了那个冷漠的家庭。两年后,1929 年寒假,萧红回家,1930 年春,她又回到学校上学,而这时她哪里知道这样快乐的日子快要结束了。

1928 年夏天,她的父亲已将她许配给了大军阀的儿子汪殿甲,中学临近毕业,汪家找到萧红的父亲商议,主张他和汪殿甲结婚。她的中学生活就这样戛然而止了,而此时疼爱她的祖父也撒手人寰。对萧红来说,这个家里唯一的牵系也没有了,加之包办婚姻的重压,她决计出走逃婚。

从暑假后,萧红就被软禁起来了,她只能在家里困守等待机会。秋天,萧红逃出家庭,到了哈尔滨。这时的萧红还有着对未来的梦想,这里有李姓的青年等着她,据说李是法政大学的学生,但也有一说,李是萧红读书时女一中授过课的教员。他们之间有着友谊,本处沿用《萧红小传》中的说法。同时似乎李还爱慕着萧红,之后,李姓青年带着萧红来到了北平,萧红进入了北平女师大附中读书。在萧红对骆宾基临终前反思式的描述中,记述了她当时的心情和幻想:

> 那个李姓的青年,带着她到北平去了。当萧红跳上火车。她就感到她是多么自由了。她不必喘恍地在街上躲避熟人了。她不必伏在旅馆的窗口守候她的爱人了。终于,她坐上这南下的中东铁路的火车了。她幸福地位憬着那作为学术中心的北平,她决心要在那里入艺术专科学校。自然她将来就是他的妻子了,她就要到他的家庭里去。他的家庭里是些什么人呢?他的亲戚一定都来探望他从关外带来的"妻子"么,实际上,她这时候,关于他的家庭是什么都不知道的。她矜持,而又完全信任他。当时她的稚气的脸上,洋溢着光辉。她那明朗的眼睛,闪着润泽的黑色;她的头,已是剪成男式的短发了。

另一说法来自李洁吾的回忆,萧红从哈尔滨到北京,是跟他的表哥陆正舜一起来的,而陆正舜则爱慕自己的表妹,后因陆家断绝经济支援,陆只得回呼兰老家。无论何种说法,说明当时李洁吾等人为萧红逃婚提供了庇护所,使萧红暂时摆脱了无处可去的困境。陆正舜离开后,萧红度过了一段艰难的生活。而这之后不曾想到那个自称是他的"未婚夫"并染有鸦片瘾的汪殿甲随后也赶来北平,并找到了她,他们在北平租房同居了一段时间。不久,汪又劝说萧红与他一起回哈尔滨,由其父出资供她继续上学。萧红对此信以为真,与汪回到哈尔滨后,住进了哈尔滨道外东兴顺旅馆。一住半年多,两人坐吃山空,欠下旅馆六百多元的债务。某天,汪哄骗萧红说回家去拿些钱来还债务,然后一起堂堂正正过日子。尽管萧红并不喜欢他,乃至百般鄙视他,憎恶他,但最终还是被他的一番甜言蜜语所迷惑,答应他回家取钱。1932年夏天,萧红被汪殿甲遗弃在哈尔滨的一个旅馆里,由于积欠累累,而谎称回去拿钱的汪有去无回,萧红只能困守在旅馆中,甚至后来被软禁起来,旅馆老板也开始盘算着将萧红卖掉的诡计。这时的萧红经历着她人生中最为凄惨无助的痛苦与绝望。

以上是萧红在遇到萧军之前,即还没有正式开启她的文学生涯之前的生活经历。这些生活留给萧红的丰富记忆除了孤独与寂寞,就是农家生活,她童年的很多时光都在附近的农家消磨。这些记忆是萧红宝贵的财富,她后来的作品大多以描写农家生活和农民的命运为主,生活记忆及情感倾向对萧红影响极深。童年的

萧红在北京

寂寞和孤独,父母的冷漠与疏离,唯一疼爱自己的祖父也不能时时刻刻陪伴萧红,这种孤独感随着萧红的成年对她的影响更加突出,从某个层面折射出童年的创伤记忆对个体人格影响的重要程度。由于幼年时父亲的冷漠与疏离,直至长大成人背井离乡,萧红依旧对父亲很难产生温情的想象。客观来说,萧红的父亲其实只是当时社会无数思想守旧的士绅之一,他们依旧以传统的伦理道德及生活方式应对生活,保持着家长制的尊严,固守传统的男尊女卑思想,缺乏与子女间的亲切沟通和交流,缺乏天然的情感。而接受了现代教育的萧红,有了初步的对自由与平等的理解和认识之后,对于她的守旧的父亲更是充满了情绪上的厌恶之感,父亲与她显然无论在情感上还是理智上都是完全对立的;加之接受了现代教育并获得了启蒙思想的萧红对父亲强加给她的包办婚姻,使她更视父亲为守旧顽固的"敌人"。

家庭关爱的匮乏,与父亲的对立关系很难使她在父亲强加给她

包办婚姻时,产生如鲁迅、苏雪林等某些现代作家在反抗包办婚姻时内心中产生的对家庭的愧疚感和矛盾感。萧红对于当过当地教育局长和商会会长的父亲的憎恨,尤其是对于重男轻女,以及中国传统的"父母之命,媒妁之言"的家长制包办婚姻的厌恶,是她愤世嫉俗的最早根源。而逃婚的生活显然又把她带入了另一个深渊,初涉人世的少女在险恶的人世中尝尽了生活的痛苦与焦虑。与父亲的决裂,使缺乏经济依靠的萧红陷入了困境,但即便如此,她也绝不愿意回到家中,向父亲妥协。她在哈尔滨流落生活时,遇到堂弟,堂弟诚挚地劝告她回家,萧红一口拒绝,表示绝不接受在思想上与自己完全对立的父亲的豢养。从这种决绝可以看出,萧红对父亲的仇视和父女二人对立的无法化解的矛盾。

因此,对于萧红来说,自祖父去世后,这个家庭带给她的唯有隔膜与痛苦。守旧的父亲对于萧红来说是一个情感隔膜的对象,父女关系的尖锐对立在她的一生中都无法化解。因此谈到家乡时,萧红这样表达了自己的感受:

> 家乡这个观念,在我本不甚切,但当别人说起来的时候,我也就心慌了!虽然那块土地在没有沦陷之前,"家"在我就等于没有了。

真正意义上的家乡——带给人精神的归属感的家乡随着祖父的逝去已经消失了,但每一个个体都需要一个精神归属的故乡的必要性令萧红感到恐慌,而恐慌的原因是她虽然客观上有着人伦意义上的亲属,但这些关系由于缺乏实际的情感关联等同于乌有。这是怎样的痛苦!这种无所归属的痛苦成为萧红一生中深重的情结。

缺乏父母关爱的童年,与无助的少女被欺骗陷入困境的遭遇,这种缺乏至亲关爱的孤独感伴随着萧红的一生,对她一生都影响极深。尤其是那段幽禁的生活经历,更是击碎了萧红勇敢冲出家庭寻找自由的梦想。童年家庭之爱的匮乏对个人人格影响极深,幼年时就形成郁结的不安全感与恐惧感,与走出家庭即感知社会险恶的恐惧感,成为萧红一生无法克服的"情结",对她的性格具有极大的影响。

　　从萧红一生的情感经历来反观,她对于孤独与寂寞的恐惧,她对情感的依赖性,都折射出这段经历带给她的心理症结之影响之深。

偶然相遇、偶然结合的"偶然姻缘"

——萧红与萧军

一、相遇与相守

萧军原名刘鸿霖,也叫刘军或刘君,时常以田军和三郎为笔名,三郎是他写诗的笔名。1907 年 7 月 31 日,萧军出生于奉天(今辽宁省)义县台镇下碾盘村,少年时代经历战乱漂泊,后来在军营中获得一席之地,18 岁离家出走,先是成为东北军的一名骑兵,后考入东北陆军讲武堂。"九一八"事变后他在沈阳,后来迁到比较安全的哈尔滨。1932 年 2 月 5 日,日军侵占了哈尔滨,冯占海的抗日部队撤退,萧军和方靖远留在哈尔滨参加了地下抗日活动。同年,萧军向《国际协报》的裴馨园求职,被聘为《国际协报》撰稿并按月支薪,以三郎的笔名开始了在《国际协报》的写作生涯。三郎是萧军的军中诨名"酡颜三郎"的后半部。《国际协报》将萧红和萧军联系到了一起,两个陌生的生命将从此开始他们相知和相守的日子。

1932 年的秋天,被软禁在旅馆的萧红,怀着身孕行动不便,旅馆老板虎视眈眈,她几乎身陷绝境。在无望中,她写信给哈尔滨的《国际协报》,描述自己的困境,希望得到救助。主编老裴看后,把信件也给萧军看了,由于不确定事件是否属实,老裴于是请萧军带几本书去了解一下情况。萧军接受了委托,带着老裴的介绍信,在一个黄昏的时刻,来到了东兴顺宾馆。

由于萧军以报馆编辑的名义前来,旅馆老板也不敢拒绝萧军的请求,不得不让他探望萧红。萧军回忆初次的会晤:

> 我敲了两下门,没有动静,稍待片刻我又敲了两下,这时门扇突然打开了,一个模糊的人影在门口中间直直地出现了。由于甬道的灯光是昏暗的,屋内没有灯光,因此我只能看到一个女人似的轮廓出现在我的面前,半长的头发散散地披在肩头前后,一张近于圆形的苍白的脸幅嵌在头发中间,有一双特大的闪亮的眼睛直直的盯着我,声音显然受了惊愕似地微微有些颤抖地问着:"你找谁?""张乃莹。"

萧军把老裴的介绍信给萧红,开始观察萧红的居住环境和面前的萧红。这是一个煤气扑鼻的昏暗的房间。萧红拉开了灯,灯光也是昏黄的。萧红穿着一件褪了色的单长衫,"开气"一边已裂到膝盖以上,小腿和脚光着,拖着一双变形的女鞋。散发中已经有了明显的白发,在灯光下格外明显,加之她怀孕的身形,看来不久就可能到了临产期了。

看了介绍信后,萧红表示曾经读过萧军署名三郎的作品,萧军留下带来的书预备离开,萧红提出谈一谈,萧军迟疑了一下后决定留下。萧红坦率、流畅地述说了她过去的人生经历和目前的处境,萧军静静地听着。在萧红述说过程中,萧军无意间顺手把桌上散落的信纸拿起看着,上面是一些画有一些图案式的花纹和一些紫色铅笔写的字迹,还有仿魏碑的双钩的字体和字迹工整的几节短诗,萧军问后得知是萧红的作品,萧红还举着只有一寸长短的紫色铅笔头给萧军看。

这个时刻,那个濒临困境的女子不再是个抽象的女子,而是闪耀着艺术才华的有血有肉的个体。一场普通的事务性的会面与考察瞬间发生了改变,变为一个灵魂对另一个灵魂的欣赏与理解。

萧军此时觉得世界似乎在变了,季节也变了,人也变了。他觉得自己的思想和感情也开始有了微妙的变化,他觉得出现在他面前的萧红不再只是个落魄的可怜女子,而是散发着艺术和智慧光彩的美丽女子,眼前的萧红流露出晶明的、美丽的、可爱的、闪光的灵魂。

而萧军的到来,对于身陷囹圄的萧红来说,无异于天降甘霖,使她看到了摆脱危难的转机,被忽视和遗弃的痛苦终于可以向一个现实的同情者倾诉了,她被幽禁的绝望与孤独是多么需要宣泄与表达啊!后来,萧红在香港弥留之际,回顾自己当时的情境,依然沉浸在那个她生命中最重要的时刻,那个可以使萧红燃起生活的希望和曙光的时刻。

两人的交流拉近了彼此的距离,萧军也暗下决心,一定要帮助她逃离囚禁之地。7月12日,萧军带来了好友方未艾(又名方靖远)与萧红相识,方未艾当时在哈尔滨《东三省商报》任副刊主编,所在报社距离萧红被囚的旅馆仅两街之隔。萧军为了让萧红不感到孤单,以便他不方便的时候方未艾能够给萧红帮助,排解她独自一人的孤单。在萧红逃离囚笼前,萧军常去探视萧红。对于这时的萧军来说,他对萧红的救助是出于对一个有才华的落难女子的帮助,并非所谓一见钟情的浪漫。萧军的救助更多是因为他侠义、勇武的个性气质所决定的,加之他是从事文字工作的,对萧红的同情更有着惺惺相惜的意味。因此,我们也看到了这种微妙的关系,百无聊赖的萧红三次约方未艾来会面,而方未艾碍于萧军与萧红的关系而拒绝,显然方认为萧军对萧红有好感。在被囚禁期间,萧红写过两首五言绝句致方未艾,表达了自己的孤独、绝望与苦闷之感。

而此时的萧军独身一人寄居于老裴家中,与其一家相处甚洽。当时萧军自身的生存也是窘迫的,如果要救出萧红,只能与她结为夫妻,把她接来同居,除此之外似乎没有更好的办法。更何况,此时的他们已彼此互有好感,而首先需要解决的是筹钱为她赎身的问题,对于经济本就窘迫的萧军无疑是个难题。当他们一筹莫展时,碰巧因连日天降大雨江堤失修,松花江决堤,大水淹了道外一带,快到萧红居住的旅馆二楼了。旅馆的人都逃离了,只留下一个看门的茶房,老板临走时命令茶房看住萧红,防止她逃跑。

这一日,与萧军时常一同探望萧红的方未艾担心萧红,划着小船来看她,劝说茶房离开,放了萧红,茶房同意了。方未艾准备带萧红离开,而萧红记起她与萧军的约定,决定留下来等萧军过来。于是方离开去接萧军,途中路遇萧军赶来。

等茶房走后,萧红没有留在旅馆继续等萧军,她还是担心旅馆老板不会放过自己,于是她独自一人搭了一只路过的运柴船,按地址找到了萧军居住的老裴家。当萧军赶到旅馆接她扑空回来时,她已经在裴家等待他了。好心的老裴夫妇将她安置在客厅住下,直到萧红临产时由萧军送去医院为止。

在医院,由于他们交不起住院费,遭到医生护士的冷漠对待,刚刚走出囹圄尚未恢复的萧红又陷入了焦虑不安中,加之产后身体虚弱,萧军则成为萧红精神上的强大依靠,萧军以他顽强乐观的性格安慰鼓舞着萧红。由于经济的原因,无钱偿还住院费、医药费、伙食费等,萧红只好忍痛将生下的孩子留给医院转送给别人。出院后他们还得重新寻找落脚之地,两人先到欧罗巴旅馆开始他们的同居生活,但他们根本无法承受高额的房租,萧军不得不四处奔走寻找生路:他去教孩子武术,当家庭教师教小学国文等。尽管如此,空空如洗的两人也还是根本住不起这个白俄人开办的旅馆,到第三天他们就不得不搬离这里。萧军当时找到了当家庭教师的固定工作,每月二十元学费。萧军发现房主家有两间西屋空着,他与房主协商,以学费抵换两人可以住下的条件,于是他们有了这个暂时的栖居之地——商市街二十五号王某的家中。

这是他们的第一个小屋,他们从友人处借来一张铁床,向房主借了一张桌子、两把椅子,萧军从破烂市上买回了刀碗等基本生活用具,就这样布置了这个暂时的家。萧军白天教王家的孩子武术与国文课,

晚上代中学国文课。萧军离开后,萧红常常又冻又饿地站在过道中等候萧军回来。萧红在散文中这样描述他们这时患难与共的生活:

他是一条受冻受饿的犬呀!

在楼梯尽端,在过道的那边。他着湿的帽子被墙角隔住,他着湿的鞋子踏过发光的地板,一个一个排着脚窟的印泥。这还是清早,过道的光线还不充足。可是有的房间门上已经挂好"列巴圈"了!送牛奶的人,轻轻带着白色的、发热的瓶子,排在房间的门外。这非常引诱我,好像我已嗅到"列巴圈"的麦香,好像那成串肥胖的圆形的点心,已经挂在我的鼻头了。几天没有饱食,我是怎样地需要啊!胃口在胸膛里面收缩。没有钱买,让那"列巴圈"们白白在虐待我。

"二萧"在商市街的家门前

萧军是给萧红生命带来巨大转折的人物,他不仅将萧红从困境中拯救回来,使她回到了正常的生活轨道;同时,与萧军的生活,使萧红进入了东北的文艺圈和文化圈,在萧军的鼓励下,有文学才华的萧红得以介入这个圈子,并且开始了她的文学生涯。

为了庆祝萧军与萧红的结合,方靖远在他编辑的《商报》副刊《原野》上出了一则特刊,刊登了萧红以笔名悄吟所作的《春曲》:

——这边树叶绿了,那边清溪唱着,

——姑娘啊,春天到了。

《寄病中悄悄》则是萧军为正在产褥中的萧红所作,共有诗三首:

浪儿无国亦无家,只是江头暂寄搓。

结得鸳鸯眠更好,何关梦里路天涯?

浪抛红豆结相思,结得相思恨已迟;

一样秋花经苦雨,朝来犹傍并头枝。

凉月西风漠漠天,存心如雾复如烟!

烟岚露点栏杆湿,一是双双悄倚肩。

1932 年 7 月,萧军的好友,曾经引导他走上文学之路的方靖远从《商报》调到《国际协报》接替老裴编副刊。这一年岁末,《国际协报》举办新年增刊征文活动,而萧红也曾经试笔创作,因此方靖远和萧军均建议萧红参加征文活动。

在萧军的鼓励下,1933 年 5 月 21 日,萧红完成了她的第一部短篇小说《王阿嫂的死》,发表在《国际协报》上。小说描写了农村寡妇王阿嫂一家的悲惨遭遇,控诉地主对农民的剥削与压迫。小说发表后,获得了社会的广泛好评,并得到了征文奖金。这大大增强了萧红写作的信心和勇气,在同志及爱人萧军的关心和鼓励下,萧红开始了她的文学生涯。此后,她便以悄吟、田娣的笔名不断在报刊上发表作品。1933 年初秋,《夜哨》文艺周刊在长春的《大同报》创刊,从 1933年 8 月到 12 月 24 日出刊的《夜哨》上,几乎每期都有萧红的作品。

显然,萧红的文章能够不断发表与萧军所处的东北文学圈的影响因素是不可分的。由于萧军的文化圈中的朋友大多具有左倾倾向,有些甚至是中共党员,如金剑啸,萧军1932年秋天认识了他,金身上有着浓郁的艺术气质,此时金已经加入了哈尔滨的中共地下党。因此,萧军思想上也自然受到这些左派朋友的影响,加之他本人就有的抗日倾向,也对萧红产生了影响,他们一起参与了东北文化圈一些左派的文艺活动。

萧红、萧军在哈尔滨合影

通过萧军的介绍,萧红也认识了金剑啸。当时金剑啸经常去商市街"二萧"的家中拜访,他请萧红帮忙刻蜡版、画插图、抄写地下党的刊物——反满抗日的油印小报《东北民众报》。1932年11月下旬,为救济哈尔滨水灾灾民,金剑啸发起并举办"维纳斯助赈画展",萧红积极参加筹备和组织工作,并贡献了两幅粉墨画作品参展:一幅画了两根萝卜,另一幅画的是萧军穿破了后跟的牛皮鞋和东北特有的大众食品——带刀切花边的"杠子头"(即硬面火烧);画作反映了他们困窘的生活状态,但也表现了他们乐观的精神。萧军则创作短文《一勺之水》。画展结束后,金剑啸发起成立"维纳斯画会",萧军和萧红均参加。

经黑人即舒群(原名李存哲,后沿用名为舒群)介绍,萧军认识了舒群东北商船学校的同学、中共地下党员傅天飞(傅天飞曾与著名抗日将领杨靖宇一起在吉林磐石一带创建了中国最早的一支抗日游击队)。大约在 1933 年,傅天飞突然来到哈尔滨舒群暂住的商报馆,向舒群提供了一份极为珍贵的抗日资料——"磐石游击队的建立与发展历程"。舒群当时是"第三国际"的情报人员,随时面临被日本占领军和伪满当局逮捕杀头的危险,鉴于环境的险恶,他将这部"腹稿"转赠给萧军。这些资料成为萧军创作《八月的乡村》的素材之一。

在萧军和众多朋友们的勉励下,萧红的文学天才很快显露了出来。

1932 年底到 1934 年 6 月被迫流亡期间,她先后发表了大量作品。1933 年 7 月,金剑啸发起组织"星星剧团",金任导演,萧军、萧红、舒群、白涛等都是团员。萧军参加了美国作家辛克莱所作剧本《小偷》的排练,准备上演时因拒绝在伪满洲国成立纪念日上演,排练场所被取消,一个团员被俘,剧团解散。

7 月间,陈华约请萧军为他主编的长春《大同报》将创办的副刊组稿,萧红提议取名"夜哨",《夜哨》于 8 月 6 日创刊。《夜哨》的创办引起了日伪特务的注意,被列入了可疑和反满抗日、破坏"大东亚共荣圈"的黑名单,半年后由于刊登一名读者所写一篇揭露日军暴行的文章,被勒令停刊。

与此同时,"二萧"共同从事文学追求的结晶——第一部小说散文集很快面世,萧军为其起名为《跋涉》,意寓不愿做亡国奴的中国志士、百姓艰难的反抗和跋涉过程。他们满怀喜悦看到作品面世,《跋涉》封面二字由萧军手写,当书还在印刷时,萧红就按捺不住内心的兴奋,跑去印刷厂观看;从印刷厂出来,萧军请她吃了一顿俄国包子,庆祝《跋涉》即将面世,她到柜台要了两杯"俄特克"饮料酒,回请萧军。吃完包子,两人又去江边,花了一角五分钱租了一条船划到江中的沙滩,在江中萧军洗了一个澡,结果,他的衬衣被江水冲走了,却追回了一条半死的白鱼。晚上,他们用这条鱼打了一个牙祭。中秋节前夕,当人们准备中秋佳节时,两人来到印刷厂,和装订工人一起装订了一整天他们合著的《跋涉》。随后萧军叫来一辆斗车,装了一百本《跋涉》,拉回了商市街他们的家中。书是黄底红字封面的毛边纸书,还散发着油墨香味,封面是萧军手书的"跋涉",扉页上写着"三郎·悄吟·1933"。这个面世的集子见证着"二萧"的爱情与志趣以及他们的努力与艰辛。

然而阴影已经开始尾随着他们,由于他们的抗日与反满倾向,危险接踵而来:先是由于同发隆商场出售《跋涉》被牵连,随后《跋涉》遭到了日伪机关的查禁,被没收销毁了大部分。这种形势下,"二萧"的处境堪忧,他们不断受到各种警告,气氛紧张。几经斟酌,他们作出了离开东北的决定。就萧军本人来说,他曾打算与地下党军委的领导同志北杨一起去磐石游击队打日本鬼子,但因顾虑体弱多病而又无生活能力的萧红,他刚刚把她从死亡线上拯救出来,如何能让她一人独自面对如此险境。因此当北杨来"二萧"家中告别(原来北杨被日本宪兵捉去,拷问无果,又放出了他,这种形势下,他只能离开哈尔滨),邀萧军参加游击队,萧军选择了留下。北杨离开时告诫"二萧"最好也离开东北,因为宪兵在北杨身上搜到了萧军的名字和地址,使萧军也成为可疑人物。形势变得越来越危急,萧军的朋友黄之明——萧军在沈阳陆军学院讲武堂时的同学,也告诫萧军赶快离开,并愿意以自己的薪水为萧军积攒一些路费。

1934年初,《国际协报》创办了《文艺》周刊,由白朗主编。萧军继续以笔名"三郎"发表创作。舒群先行去了青岛,并频频来信催促"二萧"尽快离开哈尔滨到青岛去,他们于是也开始准备离开。临行前他们离开了商市街,"二萧"当晚住在金剑啸一手创立的"天马广告社",金剑啸、罗烽、白朗等人为他们举行了简单的饯别仪式("二萧"走后一个星期,罗烽被捕,日伪侦缉队毫无所获,不得不释放他。一年后,随着日伪统治的更加疯狂,迫使罗烽、白朗夫妇也离开东北南赴上海,落脚点即是"二萧"后来居住的法租界萨坡赛路190号,一住就是两个月）。

　　金剑啸原本与萧军约定五六月间一起动身去上海，后因家室之累，放弃上海之行。他向萧军提供了几个上海友人的地址，以备他们万一陷入困境后也可以有人照应（后金剑啸在1936年6月被日驻哈尔滨总领事馆特高科逮捕，8月英勇就义，萧红写作诗歌《一粒土泥》致以哀悼，萧军则在9月创作《未完成的构图》的散文寄托哀思）。"二萧"抵达青岛不多日，舒群与萧军去了一趟上海，未果而回到青岛。

1934年青岛"四方公园"——左起：萧红、萧军、倪青华、舒群

　　1934年6月15日，"二萧"经过一路上日伪特务的盘查等险关，终于到达青岛。舒群及夫人倪青华在码头迎接他们，他们先住在舒群的岳父家，后来一起搬到观象山麓的观象一路一号一所石砌的小楼上定居下来。青岛当时是德日帝国主义势力影响的地区，不少东北流亡的热血青年和抗日志士，往往以此作为暂时的栖身之地和避风之港，以及转道内地及大后方的跳板。

在青岛期间,萧军担任《青岛晨报》副刊主编(中共地下外围组织主办),除创作一些散文外,还继续写作长篇小说《八月的乡村》。萧红在担任《新女性周刊》的编辑期间,在《青岛晨报》发表短篇小说《进城》,同时继续撰写在哈尔滨发表过的《麦场》、《菜谱》的续篇,即后来由胡风最终定名为《生死场》的中篇小说。"二萧"在青岛生活时期,有两个人对他们的生活和未来产生了重要影响:一位是孙乐文,时任《青岛晨报》和荒岛书店负责人,孙乐文启发并引导"二萧"开始与鲁迅先生通信一事,同时他还保护"二萧"免受国民党特务迫害,及时安全地离开青岛;另一位是青年张梅林,张是革命党人,20年代加入共产主义青年团,酷爱鲁迅及左翼文学,时参与《青岛晨报》办报主编。他与"二萧"交游密切,并直言不讳地发表批评意见。后来,当"二萧"再次流亡赴上海时,张梅林一同前往。

"二萧"住在山顶上的一座公寓,居处可透过窗户观赏两边海洋的景色,步行到报社只需一刻钟。初至青岛时张梅林与"二萧"一见如故,张梅林住在报馆,此后便成为"二萧"家中的常客。他们经常一起吃便饭或一同出游。"二萧"青岛时期过着非常惬意和自由的生活,萧红一改过去沮丧的情绪,内心中充满了乐观和快乐。

萧红在青岛时期度过了一段快乐的时期,摆脱了昔日的阴霾心境,恢复了乐观的心态。在这样的状态下,萧军白天去上班,萧红在家里全力地投入写作,她写了短篇小说,并有时也着手创作她的长篇小说。

当张梅林第一次看到萧红发表于《青岛晨报》的《进城》后,发现萧红的写作富有情感,他认为萧红是个很有希望的作家,遂询问萧红的写作经历,萧红便将她和萧军合作的《跋涉》一书拿给张梅林看。看过作品后,张梅林指出萧红的作品非常女性化,并鼓励她保持自己的写作风格,张梅林的夸奖对萧红来说是极大的鼓励。

"二萧"在青岛期间,拟定日程表勤于写作,这种勤勉获得了朋友们的赞赏。

1934 年萧红在青岛

在青岛的日子,"二萧"的生活平静而幸福。闲暇时,"二萧"与张梅林一起到山上散步,有时在海滨公园一起唱《囚徒歌》,有时在海滨浴场一起游泳。张梅林在回忆中记述他们在青岛生活时的情态:萧军头上戴着一顶毡帽,下穿短裤,足蹬草鞋,上身穿着从哈尔滨时就穿的哥萨克绣边衬衫,束一根腰带。萧红则穿着旗袍和男人的裤子,头上束着发带。到了秋天,她穿上裙子,将自己穿的裤子还给萧军,这也折射出他们经济窘迫的现实。张梅林在回忆中描述了他们日常一起去菜场买菜,一起吃饭,萧红做俄式的大菜汤,用有柄的平底小锅煎油饼的动人情景。

冬天天气寒冷,萧红的身体也变得衰弱,她一边工作,一边咳嗽。萧红病弱的身体,由于困窘的生活而得不到缓解,导致后来身体状况每况愈下。萧军与萧红,一个是体魄强健的勇士,一个是身体虚弱的敏感女子,他们这种身体及性格上的强大反差,在以后的生活中越发明显。

正当此时,情势从紧,《青岛晨报》也已逐渐保不住了。根据张梅林的回忆,1934 年初秋,舒群和爱人在清华大学相继被捕,不久被释放。由于《青岛晨报》报社某记者在报道一艘轮船消息时,可能夸大了事实,官方要来抓捕,该记者离开报社出走,导致经理也离开,报纸停办,报社只剩下"二萧"和张梅林。

在这种情况下,他们必须另谋出路;同时,由于潜在的危险,他们也必须考虑设法离开青岛,上海成了他们考虑前往的目标。为此,萧军10月初给鲁迅写信,询问鲁迅是否需要他们写作的文稿。10月9日,他们收到了鲁迅的来信,表示愿意看看他们的文稿。萧红此时正好抄完了她刚写的一篇小说,遂即将这篇小说与《跋涉》一起寄给鲁迅,鲁迅于同月的28日收到。鲁迅的回信给他们带来了希望。

1934年10月末,萧军夫妇及张梅林乘日本货轮前往上海。

萧军在回忆这段经历时,这样记述了他们当时的紧张与准备:

听过孙乐文说的情况以后,我一面代表报社办理解除合同的各项事务,一面悄悄地把自己一些必要的东西分批,分件……转移到另外一个地方;这常常是在夜间进行的,因为我居住的"观象一路一号",也正是浙江路和江苏路搭界的地方,在这数路交错的集中点上——就在我们大门边——正设有一处警察派出所,我是不能够使他们发觉到我要转移的迹象的。某天夜间,孙乐文把我约会到青岛栈桥尽东端那所大亭子的一处阴影里,告诉我他明天离开并劝我们也赶紧离开,并给了我离开的路费。

深秋的风从海面上飚疾地吹过来,海面上一片沉黑,海浪冲击着岸边的礁石和堤坝,轰鸣的声响一刻比一刻凶猛起来。我们抵御不了那寒冷,说话的声音全断断续续颤抖起来了,于是我们只有先后离开那栈桥。回家后,我马上写了一封信给鲁迅先生,告诉他,我们马上就要离开青岛去上海,千万不要再来信了。搭了一条日本轮船,买了两张四等舱的船票,这条船是名为"大连丸"的日本船,与几个月前我们由日本侵占下的哈尔滨逃到大连搭乘的船是同一艘船。逃离青岛,到了上海。

二、罅　隙

在青岛的这段时间里,萧红完成了她的长篇小说《生死场》。在青岛期间,她与萧军性格的差异已经显见,也引起了周围友人的注意。在《萧红小传》中,萧红向骆宾基谈到这段时期她与萧军之间因性格差异出现的小摩擦:当时他们的楼上住着一个信奉上帝的妇人和一个粗鲁的姑娘,左边的邻居是一个老太婆,背后住着一个小贩,周围来往的是一些修女。萧红对住所周围那些修女们的生活表示同情,当萧军不满于修女们的祷告声提议搬家时,萧红反对,并表示自己喜欢这里,周围都是善良的人,她同情那个楼上信奉上帝的妇人;而萧军并不赞成,他指责那个妇人过着衣食无忧的享乐日子,虽然没有丈夫,但也不值得每晚对上帝祷告,并不值得同情。萧红则反驳说,人并不像他想象得那样简单,无论怎样的人都是有灵魂的。从这里我们可以看出萧军显然以简单的贫富状态进行道德评判,而忽略每一个个体生命存在的复杂状态,缺乏对丰富复杂人性的理解。当萧红房屋背后的穷邻居因为房东的驱赶无处可去时,萧红多次央求萧军把自己的厨房让给他们住,萧军终于同意,但萧红也因在这种央求中发现萧军身上体现出的"主权者"的姿态而感到苦痛;这些事情折射出"二萧"之间逐渐明显的问题,萧军以支配者的身份主宰着两人的关系,这违背了她少女时期一直为此抵抗的追求,萧红内心的苦痛可以想见。

青岛的冬天来了,寒冬也暴露了他们生活的困窘和体格的差异,身体健壮的萧军尚能抵御寒冷,而萧红则感染了风寒,咳嗽起来了。

她在哈尔滨困守的绝境造成的身体的虚弱由于贫穷的生活一直

未得到恢复和改善。由于
寒冷,她的身体变得更加衰
弱。当时在青岛大学读书
的女大学生苏菲去看望萧
红,她看到萧红咳嗽,建议
她应该喝些杏仁露,并建议
她应当到疗养院治疗和休
息,而不该继续写作。但显
然他们当时的生活境遇并
不具备这些条件,缺乏可以
御寒的衣服,萧军出门穿着
萧红的绒线衫,萧红在家里
只能裹着羊毛毯御寒,每当
家里来了友人,萧军买回了
招待朋友的小菜,于是萧红
又开始为准备接待客人操

1934 年萧红、萧军滨城合影

劳了。而萧军则稍显抱怨地对客人说:"萧红一天到晚生病。我可
是不同,我差一天就炮兵学堂毕业了。"言语间透出的强健的自负,
对萧红病弱身体的嘲讽也稍有显露。或许萧红在日常的生活中对此
有敏感的感受,她在小说中对身体的不足与病痛的描写格外令人惊
心动魄。这种书写也许在某种程度上源于她对自己身体衰弱的缺
憾,也源于因之而产生的对感情缺憾的敏感,在《生死场》中,萧红对
美丽的身体残缺的月英的不幸触目惊心的描写,揭示了生存的残酷
和爱情的虚妄。

　　1934 年 10 月,"二萧"终于来到了上海,他们先是在法租界的拉
都路安了家。到了上海后,他们就急切地期望赶快见到他们时常通
信并非常敬仰的朝思暮想的导师鲁迅。但由于特殊的政治气候,加
之左翼作家活动的特殊性和隐秘性,他们的愿望没有迅速落实。终

于到 11 月 31 日,鲁迅安排了会面的时间和地点。他们在北四川路的"内山书店"见了面,之后去了北四川路的一家咖啡馆。

这次会面,无疑是他们真正相识的开端,鲁迅为"二萧"介绍了文坛友人,其中有来自日本的鹿地亘和美国记者史沫特莱。他们的作品也开始进入了上海文坛。于是"二萧"成为两颗冉冉升起的左翼新星。在鲁迅对他们的关照下,他们无论在生活上还是创作上都逐渐进入稳定的状态。

1936 年春末,他们搬到了北四川路居住,这里离鲁迅的家很近,步行就可到达。这个时期,他们摆脱了生活的困窘及流亡的漂泊状态,获得暂时安稳的生活,创作也进入一个辉煌时期,而"二萧"之间的矛盾却日益突出。

首先是两人性格之间的冲突:救出萧红后,萧军一直以萧红的保护人自居,而萧红也确实因萧军的搭救而心生感激,孤独无助的她将萧军视为自己的庇护者。一方面,萧军的性格豪爽、坦率,身体健壮,在情感上是粗疏的,有时很容易忽视萧红敏感的心理。尤其是身体病弱的萧红,内心敏感而脆弱,或许是童年父母之爱的匮乏与被幽禁的孤独恐惧感,萧红在内心深处和情感上渴望有一个自己可以依赖的爱人,以弥补爱的匮乏。但另一方面,她毕竟是一个现代女性,渴望

1935 年萧军在上海鲁迅先生家

发展自我,她内心中渴望着一种人格的独立和尊严,尤其当她的文学才华为自己拓展了极大的发展空间之后,两人之间的这种性格矛盾愈加凸显。

萧红更希望得到自己的战友兼自己生命中最重要的人,即作为丈夫的萧军的尊重及认同。但对于性格粗犷豪放的萧军,尤其是一直以来以萧红的保护人自居的萧军来说这是困难的。他当然早就发现了萧红的文学才华,也正是因为这种欣赏,他曾经拯救萧红于危难。但作为丈夫,作为中国传统父权制下的男子,将自己的妻子放置于同等人格状态下能够平等对待毕竟是不容易做到的,传统家庭中女性作为家庭主妇的角色性格在这种日常生活中是根深蒂固的,并非受过了启蒙影响的现代男性短期内就能完成传统人格的改变与升华。因此,两人性格之间的冲突并非单一现象,而是有着普遍性的。

萧红若是普通女性,而非才华突出的女作家,他们的人格矛盾未必会如此突出。鲁迅在《生死场》发表后,认为萧红的作品是比同一时期萧军的《八月的乡村》出色的,同时,他预言萧红未来的文学前途是更有希望的;胡风显然也持同一看法。在一个长期沿袭男尊女卑的传统惯例的社会中,他们夫妻角色的关系无疑是存在潜在危机的,更何况萧军是一个典型的东北男性,他身上突出的男性气概更加剧了两人之间的角色冲突,情感上的依赖性与精神人格的独立渴求无疑构成了萧红自身矛盾的性格。

同时,在当时他们周围的友人的回忆与记述中,"二萧"生活中存在的另一个问题,即萧军酒后殴打萧红的事件,胡风的夫人梅志、鲁迅的夫人许广平等都在她们的回忆文章中提及此事。虽然萧红在这一事件上以醉酒失去理智为萧军辩护,但这一事实显然也向人们揭开了他们生活的一个阴影。

因此,随着"二萧"在文学上名望的增加,在他们摆脱了经济上的困窘之后,他们之间的性格矛盾和人格冲突则变得日益突出,加之萧军的出轨事件,更使两人关系雪上加霜。这一时期的萧红,时常精神上非常低落,那种孤独、寂寞与失望感使她无法忍受,加之萧军时常不在家,萧红也无心待在自己家里,她时常一个人去鲁迅家,一坐就是很久。以至于后来萧红去世后,许广平在《忆萧红》与《再忆萧红》时回忆这段时间萧红的精神状态,那种极度的悲哀感留给了许广平深刻的记忆。

萧红在情感上的依赖性是突出的,我们在萧红悲剧的前期已经看到了她的这种性格弱点。遇到萧军,她获得了自己生命中重要的珍视自己生命的人,她无疑对萧军是感激至深的,危难间的彼此相依更是加深了他们亲人般的情感。但彼此性格的冲突却也是客观存在的,萧军在情感上的疏离对萧红的打击很大,她再次陷入了悲观与绝望的境地。

尽管他们之间感情的罅隙越来越大,但患难夫妻的情感积累究竟是难以割舍的,萧红在情感的痛苦间挣扎。为解决这个问题,萧红决定离开一段时间,重新整理一下两人的关系,也使彼此能够进行冷静的思考。

从萧红创作的诗歌《沙粒》中,我们似乎可以分辨出此时萧红心绪的茫然与孤独。她对自己陷入狭小的感情困扰中的无奈与失落,通过这些诗句非常真切地传达出来:

> 从前是和孤独来斗争,
>
> 而现在是体验这孤独。
>
> 一样的孤独,
>
> 两样的滋味。
>
> 世界那么广大,
>
> 而我却把自己天地布置得这样狭小。
>
> 本也想静静地工作,
>
> 本也想静静地生活,
>
> 但被寂寞燃烧得发狂的时候,

烟，吃吧！

酒，喝吧！

今后将不再流泪了，

不是我心中没有悲哀，

而是这狂妄的人间迷惘了我。

烦恼相同原野上的青草，

生遍我的全身了。

这些诗句，将他们之间感情的罅隙，带给萧红的情感的创伤呈现出来。

1936，黄源、萧军与萧红

这些孤独、烦恼、无以排解的忧伤，也有萧红对于自身性格的柔弱及对感情依赖的清醒的认识和反思，将她不满于自我的困扰但又无法跳出困扰的多重烦恼非常真实地表现出来。

三、离别与相思

1936 年夏季间,萧红决定去日本东京,萧军则去了青岛。在这期间,二人一直保持着密切的信件来往。萧红在第一封信中就这样写道:

> 海上的颜色已经变成黑蓝了,我站在船尾,我望着海我想,这若是我一个人怎敢渡过这样的大海。

> 等着吧,等到明年的这一天,我们再相聚在一起,一定,一定会有更多的爱,更多的情……远别胜于新婚! 也许古人说得对……

这时的她,内心中依然装满了对萧军的爱,希望时间能够解决他们之间的问题,理智的不满与情感的依恋如此矛盾地纠缠在一起。

萧红抵达东京后,经黄源夫人许粤华联系,居住在东京越时区富士见町。萧红住的屋子有六张席子大,她从房东那儿借了一张桌子和一把椅子,整个屋子很规整,就像住在画的房子里一样。但是,独居的萧红感到寂寞,这还是与萧军相识以来第一次两人分隔如此遥远。

萧红对萧军的思念之情,在他们的信件来往中随处可见。她在许多信件中关心萧军的日常生活起居,关切、思念溢满纸上。在第二封信中,萧红深情地称呼萧军"均"并问候细微:"你的身体这几天怎么样? 吃得舒服吗? 睡得也好? 当我搬房子的时候,我想,你没有来,假若你也来,看到这样的席子,你一定会先在上面打一个滚……"

在信末,萧红又不忘叮嘱萧军:"你的药不要忘记炖,饭少炖些,可以到游泳池去游泳两次。假若身体太弱,到海上去游泳更不能够了。"

他们在来往信件中诉说彼此的关心与牵挂,也絮叨着各种彼此相关的家庭琐事。在萧红的眼里,萧军依然是她生命中重要的爱人、亲人,是她全部情感的寄托,是她情感的庇护所。她在信中事无巨细地叮嘱萧军,从对萧军日常生活的关照,到彼此相关的亲人友人、创作情况等等,都切切地向萧军倾诉。虽然他们之间有了情感的罅隙,但他们彼此之间的情谊却是深厚的。那是历经了困难与困境的积累,是他们彼此扶持着走过的生活的积累的结晶。

虽然两人天各一方,仅仅不过三个月,但书信往来却十分密切。分离似乎使两人的感情罅隙有了缓和和疏解,交流呈现出和谐的状态:萧红在信中说需要什么书籍,萧军则切切地记在心中,并四处奔波买到后给她寄去;同时他担心萧红在日本生活窘迫,还把自己的稿费寄给萧红。这些琐碎的细节实际上折射出二人内心深处依旧保留着对对方的关心和信任。

萧红感到心中不快的另一个原因是张秀珂已经离开日本了。张秀珂是萧红唯一的亲弟弟,自 1930 年萧红与家庭彻底决裂逃往北平以来,两人已有整整六年不曾见面了。萧红渴望在日本见到弟弟,但十分不凑巧的是,萧红离开上海来日本时,听说弟弟张秀珂已离开日本。

对独居的恐惧感,使萧红对孤独极为敏感,她在信中向爱人倾诉不快的情绪。到东京月余后,唯一的熟人许粤华就要回国了,这时候萧红感到难过,加之她又生病了,于是她在 8 月 22 日的信中写道:"华要回去了!又加上近几天整天发烧,……烧得骨节都酸了!""疲乏,头痛和不能支持。"她只好向遥远的萧军诉说这种愁苦了,而这些不正是一对再正常不过的夫妻之间的日常交流和倾诉吗!

1936 年 11 月 19 日萧红在给萧军的信中谈到自己的情绪:

窗上洒满着白月的当儿,我愿意关了灯,坐下来沉默一些时候,就在这沉默中,忽然像有警钟似的来到我的心上:"这不就是我的黄金时代吗？此刻。"于是我摸着桌布,回身摸着藤椅的边沿,而后把手举到面前,模模糊糊的,但却认定这是自己的手,而后再看到那单细的窗根上去。是的,自己就在日本。自由和舒适,平静和安闲,经济一点也不压迫,这真是黄金时代,是在笼子过的。从此我又想到了别的,什么事来到我这里就不对了,也不是时候了,对于自己的平安,显然是有些不惯,所以又爱这平安,又怕这平安。

这些文字,是萧红对自己的清醒认识,她的黄金时代,写作带给她的成功,但另一方面她被困守在情感的困境中,这种复杂的情绪折射出早期心理症结对萧红梦魇般的影响。

1936 年 12 月 15 日萧红给萧军的信中谈到弟弟的问题:

自然他有他的痛苦,可是找到了我们,能知道他接着就不又有新的痛苦吗？虽然他给我的信上说着"我并不忧于流浪",而且又说,他将来要找一点事做,以维持生活,我是知道的,上海找事,哪里找去。

萧红 1936 年在日本东京

我是总怕他的生活成问题，又年轻，精神方面又敏感，若一下子挣扎不好，就要失掉了永久的力量。我看既然与家庭没有断掉关系，可以到北平去读书，若不愿意重来这里的话。

在1936年12月31日的信中，她又向萧军倾诉，面对新的一年的来临，萧红全无喜庆心理，尽管她说"头亦不痛，脚亦不痛"，要萧军"勿劳念念耳"，但仍然极为悲哀地写道：

你亦人也，吾亦人也，你则健康，我则多病，常有健牛与病驴之感，故每暗中惭愧。

萧军除了赶快去信进行抚慰，对她的悲哀也并无更好的良药。

如同笔者此前所述，萧红对孤独的敏感，是一种心理郁结。当身处孤独时，这种感受如同阴影，使她坠入无法理智面对的心理困扰中。加之她衰弱的身体，从发烧、胃疼到肚痛等在不断地骚扰着她。尽管如此，她还是努力地振作精神去安排新的生活，她到东亚补习学校去学日文，这个学校是专为中国人开办的；同时她也在这一时期创作了一些作品。

原想在异国他乡静心养病和创作的萧红，被一连串突如其来的事件给打了个晕头转向：先是同胞弟张秀珂擦肩而过，接着许粤华因经济问题提前回国，再就是鲁迅先生的不幸逝世；不仅如此，体内时常发生的病痛如发烧、头痛、胃痛，也无时无刻不在折磨着她……这些都使她蒙受了从心灵上到肉体上的巨大打击。因此在日本，萧红从来没有得到过片刻的真正的安宁。她几乎在每一封信中，都要向萧军倾诉心头无尽的孤寂和烦恼。

萧红渴望有人关心她照顾她，处处给她以呵护。但在异国他乡，孤身一人，举目无亲，又有谁来关心她呢？因此在这种情境下，排解已非她愿，只有回国才是明智的决定。1937年1月，萧红从东京到横滨，9日乘日本游船"秩父丸"回国，在神户稍作停留后，13日终到上海。到上海后，与萧军会合，两人搬到了法租界的吕班路的一个亭子间。此时，"二萧"与东北的旧友孙陵重逢，且住得很近，来往很勤,同时过从甚密的还有日本作家鹿地亘和他的妻子池田幸子。此外,萧红还与弟弟终于有了见面的机会。在她自己的回忆中,他们还来往甚多。在孙陵的回忆中,此时的萧红兴致很高,神采飞扬。

回到上海的萧红,很快就尝到了失望的苦果,她与萧军的关系并没有得到改善,此时的萧军时常行踪不定,在政治活动中非常活跃,对萧红日渐疏远。萧军和胡风等作家组成了一个小群体,以鲁迅作为他们的精神导师,萧军积极参与左翼组织的各种活动,根本没有时间与萧红相处。在孙陵看来,他们的感情很坏,萧军甚至还殴打萧红,有时萧红的面孔都被打青了;同时,萧军还卷入了一起桃色事件,与一位女编辑发生恋情。萧红也将自己对萧军的怀疑告诉友人。此前萧红在自己情绪低落时还可以去鲁迅家躲避,获得内心的安慰,而此时的萧红,却再也没有了精神上可以得到安慰的处所。

1937年4月23日,萧红只身一人乘火车前往北平,原本答应与萧红一道前往的萧军并没有同去。萧红怀念北平,也有想住一住的想法。或许她希望通过换个熟悉的地方休整和平复自己的心绪。但在北平的这段时间里,萧红不能把心思放在写作上,她在感情的矛盾中挣扎,试图理清自己的思绪,她在日记中写道:"在人生的路上,总算有一个时期在我的脚迹旁边,也踏着他的脚迹。(总算两个灵魂像两个琴弦似的调谐过)"这样的话语显然有着总结的性质。

萧红到北平后,见了李洁吾与舒群,此时的李洁吾已结婚,萧红的拜访引起了李的妻子的误会,结果萧红此次的经历并不愉快,而与老友舒群的见面则极愉快,她写信告诉萧军,她和舒群一起晚上去看戏,一同爬长城,甚至将《生死场》的手稿送给了舒群。

虽然如此,由于她时时陷入思量与萧军关系的忧虑中,她在北平的情绪时好时坏。即便如此,萧红始终没有否定她与萧军之间曾经有过的和谐与快乐。萧军始终是萧红生命中重要的人物。5月23日,萧军在信中建议萧红返沪,二人一道去青岛,萧红同意,但回沪后,去青岛的计划并未成行。7月,卢沟桥的战火拉开了抗日战争的

萧红等著:《牛车上》,启明书局1945年版

序幕,由于鹿地亘夫妇提倡中国坚决反对日本侵略,被作为日本奸细追捕。此时"二萧"收留了他们夫妇二人,因之也被间接卷入抗战中。后来鹿地亘夫妇逃往内地,但"二萧"在上海的形势显然不妙,且面临危险。

由于战争的影响,一些文艺刊物陷于停顿状态,《作家》被国民党勒令停刊。此时胡风已去武汉筹备出版《七月》杂志,约"二萧"去武汉,于是他们准备前往武汉。

四、分 离

"二萧"初到武汉时,住在诗人蒋锡金家中。蒋锡金家中当时住了许多流亡的文化人,端木蕻良后来也住在这里。"二萧"在这里与青岛时期的旧友梅林重逢,梅林描述当时他眼中端木的形象:

有一次,一个长鬈发,脸色苍白,背微驼,声音嘶哑,穿着流行的一字肩西服的人走进来,他从细瘦的手上除下鸡皮手套。

在武汉时,萧红与萧军的关系已经出现了明显的裂痕,萧军表现出的大男子主义和粗疏的性格,缺乏对萧红敏感细腻心思的关切和理解。他有时甚至在酒后对萧红大打出手,虽然萧红在友人面前极力掩饰这些问题,但难掩她被萧军雄强粗疏性格忽视的不快。端木蕻良的出现改变了这一切,端木蕻良看起来文弱的文人气质与萧军截然不同,加之他们都是东北籍,且都是爱好文艺的左翼作家,他们很自然地建立起一种亲近的同乡情谊。尤其是端木蕻良对萧红的仰慕使萧红在情感困惑时获得了温情,对于她无疑是一种安慰。但"二萧"身边的其他左翼作家在感情的好恶上,更喜欢性格豪爽的萧军,端木蕻良的文人气及爱打扮的公子哥做派,使他们本能地对其有一种厌恶感。从梅林对端木蕻良的描述中不难看出这种态度。

萧红身边的大部分作家被抗日的热潮所鼓动。1938年1月,李公朴在山西临汾创办并兼任校长的民族革命大学,呼吁各界人士到该校任教,以支持抗战。萧军打算前往,萧红、端木等随行。1938年1月底,他们到达临汾,在这里遇到了丁玲。二月底,日机开始轰炸临汾,刚到这里的左翼文化人不得不整装待发,民族革命大学不得不迁移到延安。

在此情形下,萧军被派与学生同行,而此时萧军有意决定投笔从戎。萧红对萧军的这个决定非常不认同,在萧军的回忆中,萧红极力劝他不要去延安。在创作与政治介入的关系中,萧红更倾向于作家应当做好本职工作——写作,而非介入政治,这也是她反对萧军从军的原因。显然,在这个民族危难的特殊时期,陷入了情感纠葛的萧红与萧军在现实政治理念上也有了冲突。

萧军在离开临汾时,曾托付丁玲照顾萧红,他们之间虽有感情裂隙但依旧是彼此关心的朋友,两人的互为关注也使周围的朋友觉得两人的临汾之别只是暂离,而非分手,他们都期望两人的情感纠葛在暂时分别后能淡化,并期待最终二人能和好如初。但身处局中的三个当事人却都明白事情的发展走向。

萧军在火车开动前,私下对聂绀弩说他与萧红此次分离远比其他人想象的严重得多,以下是萧军回忆中与聂绀弩的对话:

"我的身体比你们好,苦也吃得,仗也打得。我要到五台山去,但是不要告诉萧红。"

"那么萧红呢?"

"哦,萧红和你最好,你要照顾她,她在处世方面,简直什么也不懂,很容易吃亏上当的。"

"以后你们……"

"她单纯,淳厚,倔强,有才能,我爱她。但她不是妻子,尤其不是我的。"

"怎么,你们要?……"

"别大惊小怪!我说过,我爱她;我是说我可以迁就。不过这是痛苦的,她也会痛苦,但是如果她不先说和我分手,我们还永远是夫妇。我绝不先抛弃她。"

如果撇开萧军在感情的出轨方面对萧红感情的伤害不说,那么这段对话确实在某种程度上显出"二萧"在性格上存在的巨大差异,一个敏感脆弱,而另一个则刚强粗犷,萧军也确实在客观上很难理解萧红易感伤怀的性情。但这只是事情的一方面,两个具有巨大性格差异的人,在患难时期可以那样彼此信赖和相互理解,携手并进,而随着到上海后两人声名日盛,尤其萧红突出的文学才华渐被夸赞,萧军大男子主义的性格,与萧红渴求获得尊重与理解的愿望相距甚远;萧红的经历使她本能地对男性的支配人格具有一种厌恶感。但在与萧军的感情中,萧红兼具着一个辛勤的小主妇和一个声名在外的作家的身份似乎并不相悖。她爱萧军,且认真地经营着这个小家庭,但萧军不仅在情感上伤害她,甚至在人格上也日益表现出对萧红的轻视,萧军这种以保护人和拯救者自居的心态显然是对萧红最大的伤害。

以性格的差异解释两人分手的最终理由,显然并不令人信服,因为这无法解释他们曾经患难与共的爱情,和彼此相携以度的情感真挚的岁月。个性的差异是随着日后感情的罅隙与理解的消散被放大了,可以说,感情的罅隙与缺乏更深入的理解和尊重才是造成"二萧"最终分手的原因。鲁迅在《伤逝》中借涓生之口说出:"人必生活着,爱才有所附丽。"他们度过了共患难的日子,但萧军却忽视了萧红的成长,她更需要尊重和理解。

当两人的感情到了无法弥合的时候,萧红在感情的天平上开始倾向于性格温和文雅的端木蕻良。在最初的相处中,萧红在端木蕻良处获得了理解和尊重,这或许是她决定选择端木时的初衷。在与骆宾基最后的交谈中,萧红是如此解释她的选择的。这或许是我们从这些"事变"和当事人的表述中能够得出的较为合乎情理的看法。而在此期间,"二萧"之间的关系日趋恶化,矛盾升级。

由于端木蕻良的介入,使得三人之间的关系变得非常尴尬。"二萧"的左翼知识分子圈子在人情上似乎更倾向于同情萧军,而在感情的天平上越来越倾向于端木蕻良的萧红则在行为与态度上表现出矛盾的状态。

五、杂　说

萧红和萧军的感情,曾经是非常美好和被朋友们称羡的。即使他们本人,即便在分手之后,也毫不否定他们曾经有过的真挚与可贵的感情。白朗对二人共度患难的赞叹,许广平对二人分手后依然在人格上相互认同的态度也极为赞赏。甚至萧红在临终之前,依然对萧军寄予希望,认为如果萧军在香港,身处困境的她一定会得到萧军的关怀,萧军一定会在危难中拯救她出来。这些想法正是基于他们曾经拥有的可贵的爱情。

因此,对于"二萧"的感情,自当肯定他们曾经拥有的相爱和相携,也当理性地分析他们的分手。或许我们只能遗憾地认为,由于生活的复杂性和人性的复杂性,"二萧"感情的变化正是生活和人性自身复杂性的结果。每一个个体都无法改变真实的自我,情随事迁,对感情的双方而言,也需时刻随着境遇的变迁对自我对彼此的理解时时有新的更新。在"二萧"的感情事例中,萧军始终将萧红看作一个被保护的对象,而没有将她看成一个独立的、也有着自我追求的个体,当这个个体有了充分的飞翔的能力,更渴望得到尊重与理解。但萧军大男子主义的个性带给萧红的痛苦随着萧红文坛地位的提升矛盾日显,而带给萧红更大痛苦的,是萧军的感情出轨。所有这些,都成为两人最终走向分手的影响因子。

萧军在回忆录《人与人间》谈到他和萧红的相识与后来的生活,他这样归结:

> 人生是很难于排除偶然的遇合和分离的。尽管这偶然的遇合或分离的后面是存在它的必然规律,但偶然究竟也还是"偶然"。

1978年10月,他谈到两人身体和性格的差异:

> 在当时我并不能十分理解,也不同意她这种对于自己寿命如此悲观的预言和判断。因为我是个健康的人,顽强的人,⋯⋯是不容易深刻理解和确切体会到一个"病人"的心情和心理的,我总是希望,甚至是"苛求"她在主观上能够增强生命的意志,战斗的意志⋯⋯从各方面强健起自己来⋯⋯

> 幼年时期她的生活是黯淡的、孤零的、无助的,在精神上不被理解的。既无母爱,也无父爱,几乎等于生活在瑟瑟秋风的荒原上或沙漠中一株孱弱的小树,或者是生活在冰天雪地里一只畸零的小鸟。

> 稍稍长大以后,由于有了思想、有了意志⋯⋯就和腐朽的、顽固的家庭、学校、社会⋯⋯作斗争! 由于本身是无力的、孤单的、无助的⋯⋯结果是失败了! 遍体伤痕地失败了! 几乎被拖进了万丈深渊,可怕的黑色地狱。精神上是被摧残的,感情上是被伤害的,人格上是被侮辱的,肉体上是被伤毁的。⋯⋯这些全

是客观的存在，也全是使她的身体落到如此地步的种种根源。我们结合的当时，我是个一无所有的流浪汉，既无固定的职业，也无其他可靠的经济来源，只是靠了一点微不足道的、不固定的稿费收入和做做流动的家庭教师来维持起码的生活！这时期，日本帝国主义白色恐怖的政治压迫，一天比一天严峻起来，我们既要尽可能在政治上做些所能做的斗争，又要为自己的生活而奋斗！吃了早饭，没有晚饭……这是常有的事。

从她所写的《商市街》，从我所写的《为了爱的缘故》，《跋涉》中的《烛心》以及其他文章中全可以得到部分的、真实的反映。在这种情况下，又怎能说得上医药方面的治疗，饮食上的"营养"，生活上的休息？……

由于她身体素质的贫弱，生活上的折磨和磨炼不多，因此不能够心胸开阔，斗志坚强，无畏与乐观……坦率地说她全是不能和我相比的。同样一种打击，一种生活上的折磨……在我是近于"无所谓的"，而在她却要留下深深的、难于平复的伤痕。到了上海以后的后期，虽然经济情况略有好转，但是，不管是她还是我，为了文学而工作，或是为了生活而工作，但工作却是一天也不能够停顿的。……回想和她结合的几年来，尽管生活如何艰难困苦，外来的风风雨雨如何恶劣，而"形影不离"这一点还是做得到的。

我从来没把她作为"大人"或"妻子"那样看待和要求的，一直把她作为一个孩子——一个孤苦伶仃、体弱多病的孩子来对待的。尽管我是个性情暴烈的人，对于任何外来敢于侵犯我的尊严的人或事，常常是寸步不让，动不动就要以死相拼的。但对于弱者我是能够容忍的，甚至容忍到使自己流出眼泪，用残害、虐待自己的肢体——例如啮噬自己——来平息要暴发的激怒，这痛苦只有自己知道。有时也会不经意地伤害到她或他们，事后憎恨自己的那种痛苦也只有自己知道。

而关于此,萧红也有自己的观点,她在写于西安时期的文章《无题》(1938 年 5 月 15 日)中这样表示:

> 被合理所影响的事物,人们认为是没有力量的——弱的——或者也就被说成生命力已经被损害了的——所谓生命力不强的——比方屠介涅夫在作家里面,人们一提到他:好是好的,但,但……但怎么样呢? 我就看到过很多对屠介涅夫摇头的人,这摇头是为什么呢? 不能无所固。久了,同时也因为我对摇头的人过于琢磨的缘故,默默之中感到了,并且在我的灵感达到最高潮的时候,也就无恐惧起来,我就替摇头者们嚷着说:"他的生命力不强!"

> 屠介涅夫是合理的,幽美的,宁静的,正路的,他是从灵魂而后走到本能的作家。和他走同一道路的,还有法国的罗曼·罗兰。

> 别的作家们他们则不同,他们暴乱、邪狂、破碎,他们是先从本能出发——或者一切从本能出发——而后走到灵魂。有慢慢走到灵魂的,也有永久走不到灵魂的,那永久走不到灵魂的,他就永久站在他的本能上喊着:"我的生命力强啊! 我的生命力强啊!"但不要听错了,这可并不是他自己对自己的惋惜,一方面是在骄傲着生命力弱的,另一面是在招呼那些尚在向灵魂出发的在半途上感到吃力,正停在树下冒汗的朋友们。

> 听他这一招呼,可见生命力强的也是孤独的。于是我这佩服之感也就不完整了。

这是不是萧红以不同的态度表达了对萧军时常强调他的生命力强的回答呢! 在文学观念上,萧红显然并不认同单纯以文学是否书写雄强生命力来判断作品价值高低。萧红更欣赏那些表现了深层灵魂的作家与作品。从某种角度上说,萧红是否也是对某些左翼小说单纯书写反抗而缺乏灵魂关注的批评呢?

萧军在回忆录中谈到萧红去世给自己的影响时,他说——

现在,疼我爱我的两个人(鲁迅、萧红)都离我而去了。

而萧红在香港医院住院治病时,尽管情绪不佳,但面对自内地抵港来探视的胡风,欣喜异常地说:"我们一起来办个杂志吧!把我们的老朋友都找来写稿子,把萧军也找来。如果萧军知道我病着,我去信要他来,只要他能来,他一定会来看我、帮助我的!"

甚至在弥留之际,萧红对陪伴在她身边的骆宾基期盼地说:"如果三郎在重庆,我给他拍电报,他还会像当年在哈尔滨那样来救我吧!"

萧军为什么救萧红,最有权威也最有说服力的见证人舒群结合当时的具体情况给出的客观、公正的结论是:一是谁也没有六百元可以救萧红出困境,即使救出来也难以养活一个孕妇;二是谁都清楚,一个腆着大肚子而且怀着别人的孩子的孕妇将是一个什么样的形象,也只有萧军这样侠义心肠的热血青年才会将同情心化为爱心,从而导致令他人匪夷所思的事情发生。

正是萧军给了萧红做人的尊严和生存下去的勇气,开创了新生活的希望。而且,萧军身体力行,外出打工授课,支撑起两个人的生活。

少女时期的困窘、幽禁的磨难,尤其是这一事件带来的心灵上的巨大创伤,孕期的饥饿与幽禁,导致了萧红的体质非常虚弱。1932年夏萧军去解救萧红的时候,发现"她的散发中已经有了明显的白发,在灯光下闪闪发光"。而这时的萧红也才仅仅20岁。青春年华却身体受损,而且她同时还有一种积蓄已久的顽疾:每个月来一次肚子痛,而且一旦痛起来好几天不能起床,好像生大病一样。对于体弱多病的爱侣所显露出的心态和病情,健壮如牛的萧军无法予以全部理解。上海时期萧红的不满在萧军的解释中则是:因为忙于生存的条件——拼命地写稿以维持日常生活的开支,以至于往往一个偶然间的疏忽,就会惹起萧红的很不高兴。她心里一旦结了疙瘩便会好长时间解不脱,于是,她便跑到鲁迅先生家中,一去一整天,而她摆在脸上的忧愁与哀伤,也常常使得有着慈母一般心肠的许广平(实际上,许广平只比萧红大 13 岁)不得不放下手头正在忙着的活计,陪着她说话、解闷儿。而此时萧红却是因为萧军的感情出轨而情绪变得糟糕的,并非仅仅因为萧军忙于生存忽视了对他的关心。

以下是萧红 1937 年 5 月 4 日给萧军的信:

军:

我虽写信并不写什么痛苦的字眼,说话也尽是欢乐的话语,但我的心就像被浸在毒汁里那么黑暗,浸得久了,或者我的心会被淹死的,我知道这是不对,我时时在批判着自己,但,这是情感,我批判不了,我知道炎暑是并不长久的,过了炎暑大概就可以来了秋凉。但明明是知道,明明又做不到。正在口渴的那一刹,觉得口渴那个真理,就是世界上顶高的真理。这几天我又恢复了夜里骇怕的毛病,并且在梦中常常生起死的那个观念。

痛苦的人生啊,服毒的人生啊!

我常常怀疑自己或者我怕是忍耐不住了吧?我的神经或者比丝线还细了吧?我是多么替自己避免着这种想头,但还有比正在经验着的还更真切的吗?我现在就正在经验着。

我哭,我也是不能哭。不允许我哭,失掉了哭的自由了。我不知道为什么把自己弄得这样,连精神都给自己上了枷锁了。这回的心情还不比去日本的心情,什么能救了我呀!上帝!什么能救了我呀!我一定要用那只曾经把我建设起来的那只手把自己来打碎吗?

这封信是萧红重返北平之时写给萧军的信,这时离她曾经的北平生活已有六七年,她见了一些当时依然在北平的故人——李竟之以及当时给予过她帮助的李洁吾。虽然时隔多年,但故地之行,并没有使萧红摆脱过去的阴影,相反,却揭开了她梦魇的魔盒。萧红对孤独的恐惧并非仅仅由于寻常女性的娇弱,男权文化主导的传统造成的女性人格的依附性,以及萧红曾经被幽禁的恐惧感,对她产生着具有心理症结性的长期影响,孤独状态无形中牵动了萧红的心理阴影,而长时间经历孤独,更将这种心理阴影的深层恐惧感唤出。这也是为什么萧红一旦面临孤独情境时就会陷入情绪的控制中。而有些传记作者将这归咎为萧红过于依赖男性,显然并未真正理解萧红经历的身心绝境给她带来的心理症结及性格上的巨大影响。

细致的观察和越轨的笔致，
增加了明丽和新鲜

——萧红与鲁迅

如果说萧军是影响萧红走上文学之路的同志和爱人，鲁迅则是提携"二萧"使他们获得文坛声誉，在文坛占据了一席之地，并奠定了他们文坛影响力的伯乐。以鲁迅在文坛的地位和影响力，他提携和帮助的青年作家自然能比较顺利地获得文坛的接受和认可。

鲁迅不仅给予"二萧"文坛上的帮助，而且也是他们精神上的守护人。他不仅仅是一个给予他们写作和精神指导的导师，也是给予他们日常生活帮助的慈父。尤其对一直缺乏父爱的萧红来说，鲁迅更是弥补了她生命中重要的父亲的"角色"。这个精神上的"父亲"，对萧红孩子般的天性极为喜爱，同时对萧红寄予了真挚的理解和关怀。鲁迅更是对萧红的文学成就给予肯定，并对她寄托厚望的"父亲"。这种精神上的理解和日常生活的关爱，对于父亲之爱疏离的萧红无疑是极大的内心安慰。

与鲁迅一家这种亦师亦友的关系，不仅扩大和丰富了"二萧"的上海生活，更把他们带入了更大的文坛与社会，一个更广阔的活动空间。他们内心的那种归属感也正是在上海时期逐渐获得的。

一、信　缘

1934 年 9 月,"二萧"在青岛期间,萧红完成了《生死场》,萧军的作品尚未脱稿。他们不知道这两部作品所选取的题材与表现的生活的主题积极性,与当前的革命文学活动主流是否合拍,很想写信询问在上海领导革命文学运动的主帅鲁迅先生。萧军向梅林提起写信的想法,梅林给了他们可靠的建议,孙乐文也鼓励他们写封信试试,并建议以"荒岛书店"为通讯处,这样即使发生什么问题,可以便宜地寻找推脱理由,并提醒萧军不要用真实名姓。

在孙乐文的建议下,为了与鲁迅通信并取得联系,原名刘鸿霖的萧军特意起了一个新名字,即后来一直沿用的笔名"萧军"。1934 年 10 月初,萧军给鲁迅写了第一封信请求指导。在信中,他问鲁迅先生是否愿意看看悄吟的小说。信发出后,他们不知道鲁迅先生是否能收到,甚至对于收到了是否会信也是毫无把握的。然而令他们倍感兴奋和幸福的是,鲁迅不仅收到了信,而且还在收到信的当天就写了回信,回信是由荒岛书店的孙乐文转交的。

鲁迅的回信,给他们的文学生涯开启了一扇希望之门。这之后,他们青岛生活的幸福与快乐的一部分就是阅读鲁迅来信带给他们的巨大喜悦。萧军在回忆中描述这段时间他们的心情:

> 就如久久生活于凄风苦雨、阴云漠漠的季节中,忽然从腾腾滚滚的阴云缝隙中间,闪射出一缕金色的阳光,这是希望,这是生命的源泉!又如航行在茫茫无际夜海上的一叶扁舟,既看不到正确的航向,也没有可以安全停泊的地方……鲁迅先生这封信犹如从什么远远方向照射过来的一线灯塔上的灯光,它使我们辨清了应该前进的航向,也增添了我们继续奋勇向前滑行的

新的力量。

我把这信和朋友们读了又读，也和萧红一起读了又读；当我一个人留下来的时候，只要抽去时间，不论日间或深夜，不论海滨或山头……我也总是读了又读。这是我力量的源泉，生命的希望，它犹如一纸"护身符"似的永远带在我身边！有几次是眼中噙着泪水在读它，俨然如对先生的本人。那每一句话，每一个字，甚至是每一个字的一笔一划，每一个标点……每读一次似乎发现一种新的意义，新的启示，新的激动与振奋。

当萧军收到鲁迅先生的复信后，他和萧红、孙乐文一起分享了难以克制的激动与快乐，他们读了一遍又一遍，信在三个人手中传阅。鲁迅给了他们可贵的写作建议，并告知今后通信的联络地址。鲁迅的来信给了正在寻找道路的"二萧"重要的影响，并决定了二人此后的创作志向，也开启了他们毕生重要的友谊。一位尊贵的长者，给予年轻的后辈未来前途的指向。鲁迅表示愿意看一看悄吟的小说，这对萧红来说是多么激动人心的鼓舞啊！

为了让鲁迅先生更具体地了解和认识他们二人，萧军将二人1934年春天离开哈尔滨之前的一张合影（照片中的萧军身穿俄国高加索式绣花亚麻布衬衫，腰间束了一条暗绿色带有穗头的带子，这是当时哈尔滨青年的流行装束。萧红则穿一件半截袖子的蓝白色斜条纹旗袍，头上梳了两根短辫子，辫子上扎着淡紫色蝴蝶结，这也是当时哈尔滨女青年的流行打扮），连同萧红的《生死场》手稿（复稿）以及他们的创作集《跋涉》，按照鲁迅先生的嘱咐，以挂号信寄到了上海内山书店。

然而，此时青岛的气氛突然变得恐怖起来，国民党在青岛大肆搜捕共产党人与抗日志士，因而与革命者交往甚多的"二萧"的处境顿时也变得危险起来。给鲁迅的信件寄出不久，孙乐文通知他们，由于青岛、济南等地和山东境内的不少中共地下组织受到国民党当局的严重破坏，很多同志被捕。中共青岛市委书记高嵩率先被捕，舒群在哈尔滨商船学校的同学也被逮捕,之后舒群携妻子等亲属在其岳父家团聚时被捕。萧军所供职的《青岛晨报》属于中共的外围组织,荒岛书店等也是如此。如此,"二萧"的处境变得危险了。孙乐文告诉萧军刊物可能停刊,叫他们做好离开青岛的准备,而他本人由于作为负责人的身份已暴露,也将很快撤离,去外地躲避一阵。后来,孙去了延安。

由于"二萧"在青岛的形势日趋紧急,他们与鲁迅的信件来往,给了他们希望,加之上海还有由东北先期到达上海的舒群等,于是他们决定到上海去。1934年10月,在孙乐文的安排下,他们乘坐日本"共同丸"货轮,奔向目的地上海。

初到上海,人地生疏,加之"二萧"手头经济已非常拮据,苦闷与不适感萦绕心头。一切似乎都很迷茫,唯一可以期待的是能够尽快跟心中的导师见面,开启新的生活。萧军在回忆中写了这样的文字,记述了他们初到上海时的窘迫与茫然:

> 我们像两只土拨鼠似的来到了上海!认识谁呢?谁是我们的朋友?连天看起来都是生疏的!我本要用我们余下的十八元五角钱做路费开始去当兵,在上海卖文章的梦,早就不做了,只是想把我们写下的两部稿子留给他,随他怎么处置。不过在临行之先,我们要见一见我们精神上所信赖的人,谁又知在这里连见一个面都这样艰难。

他们到上海租定了住所之后,第一件事就是写信给鲁迅先生,表达了迫切想见到鲁迅先生的心情。但他们此时并不了解上海政治环境的复杂性,更加之左翼文学与政治的复杂性,他们天真地请求早日面见恩师。但鲁迅在信中却含蓄地说:"见面的事,我以为可以从缓,因为布置约会的种种事,颇为麻烦,待到有必要时再说罢。"对于具有左翼身份的鲁迅来说,他的行动是当局关注的,加之当时左联与政治活动的关系密切,左联成员之间都是以非常隐秘的单线联系的方式进行,以避免引起当局的注意。再者,鲁迅为了谨慎起见,并未贸然地答应迅速与"二萧"会面，而是事先在外围先对两人的情况做了了解。正如后来萧军所听说的，在他们没和鲁迅先生见面以前，鲁迅先生曾使人从侧面对他们做过一番"了解"，了解他们是否有什么政治背景或党派关系等。鲁迅希望能够多方了解"二萧"，毕竟单纯通信并不能完全了解对方，这也从侧面反映了鲁迅在复杂的政治社会与人事关系中的审慎态度，以及作为左翼文化人所需有的政治敏感性。鲁迅在信中告诫萧军："上海有一批'文学家'，阴险得很，非小心不可。你们如在上海日子多，我想我们是有见面的机会的。"

而更糟糕的是，他们经济上的困窘急需解决，萧军在回忆中描述初来上海二人生活的窘态：

> 从青岛带来的四十元的路费已经用去了二十多元，手中只有十八元几角的存钱了。在拉都路租了一间亭子间，先付了九元，余下的买了一袋面粉，一只小炭炉，一些木炭，砂锅和碗筷油盐之类，所余也就无几了。虽然已写信去哈尔滨请朋友支援，但远水难解近渴，究竟在上海要怎样生存下去呢？一切是茫然的，因此很希望早一天能够见到鲁迅先生的面，即使离开上海，也就心满意足了。

初到上海的"二萧"，在新居中日益辛勤地写作，但对他们来说，作家如林的上海，竞争格外激烈，他们投到上海各个报章杂志的稿件如同石投大海，毫无回音。原本就已经拮据的经济问题更显紧张。在此窘迫中，萧军在某封信中请求鲁迅介绍工作，但鲁迅在回信中表示很困难。在同一封信中，萧军说起因为东北朋友汇款未到，向鲁迅借20元钱应急，鲁迅答应了他们的请求。在这些日子里，与鲁迅的书信来往成为他们生活中的重要内容。阅读鲁迅来信与精神导师思想交流的时刻是他们唯一感到心情愉悦的时刻。萧军在回忆中详细记述了这种感受：

> 等待鲁迅先生的来信，是我们那时每天生活中唯一的希望和盼望，对于当时的我们来说，就如空气和太阳……那样的重要

和必须。

　　一直生活在北方,特别是东北的人,一旦到了上海,就如同到了异国,一切都是生疏,一切都是不习惯,言语不通,风俗两异,无亲无朋……犹如孤悬在茫茫的夜海上,心情是沉重而寂寞!因此当我们接到先生的每一封来信时,除开在家中一次一次地诵读而外,出去散步时也必定珍重地藏在衣袋中,而且要时时用手摸抚着,似乎谨防它的失落或被掠夺!我们住在"法租界"的拉都路,按习惯吃过午饭或晚饭之后,总要沿着并不繁华的和人多的马路向南端散步着。如果接到信是在上午,吃过午饭,用六枚小铜板买两小包花生米,每人一包,装在衣袋里,边吃边走,边漫谈……待到路上行人车马稀少了,就由装着信的人把信掏出来,悄声地读着,另一个人静静倾听着……这是我们最大的享受啊!

萧红也在文章深情地回忆:

　　我们刚来到上海的时候,另外不认识更多的一个人,在冷清清的亭子间里,读着他的信,只有他的信才安慰着两个漂泊的灵魂。

二、从会面到拜访

　　"二萧"到上海后不久,鲁迅先生就委托叶紫做了萧军的向导,便于他们较快适应上海生活。由此可见鲁迅的细心与周到,他对并不熟悉的"二萧"给予的帮助及关心所折射的长者风范令"二萧"感动不已。

　　终于他们收到了鲁迅约见面的信——《鲁迅日记》(寄萧军信)(十一月二十七日):

刘吟先生：

本月三十日（星期五）午后两点钟，你们两位可以到书店里来一趟吗？小说如已抄好，也就带来，我当在那里等候。

那书店，坐第一路电车可到。就是坐到终点（靶子场）下车，往回走，三十步就到了。

此布

即请俪安

这是他们初次相见，也是"二萧"渴盼多时的会面。萧军详细回忆了这次会面：

我们按照鲁迅先生指定的日期和时间去会见他了——十一月三十日星期五午后。到了内山书店，想不到鲁迅先生已经先在那儿了，正坐在柜台里面另一间套间里的一张桌子前面，在检点着摊在桌子上的一些信件和书物，一面和一个日本人样子的人说着日本话，"内山"老板也陪在旁边在和鲁迅先生说着什么。随后鲁迅与萧军萧红走进内室，把桌子上的信件、书物……很快包进一副紫金色、白底色、日本式的包袱皮里，挟在了腋下，就走出来了，未和谁打招呼……

鲁迅先生走在前面，我们保持了一定的距离默默跟在他的后面。他走起路来是很利落而迅速的。这天他没带帽子，也没围围巾，只穿了一件黑色的瘦瘦的短长袍，窄裤管藏青色的西服裤子，一双黑色的橡胶鞋底的网球鞋……

从内山书店出来，跨过一条东西横贯的大马路，走向了路南面的行人道，又向西走了一段，到了一处像咖啡馆的铺面前，他很熟悉地推门进去了，我们跟着进去了。

进门后，鲁迅先生拣了靠近门边的一处座位，我们坐下了。这处座位很僻静，因为靠近门侧，进门的地方又有一个小套间，如果一直走下去，就不会注意到这侧面的座位。座位的椅子靠背又特别高耸，邻座之间是谁也望不到谁的，俨然如一间小屋子。

　　鲁迅先生告诉我,这座咖啡馆主要是以后面的舞场为生的,白天里几乎没有什么人来,所以鲁迅常常选取这地方作为和人们接头的地方……侍者送上了三杯咖啡和一些点心之类就离去了。萧红不等鲁迅先生说什么,劈头问道:"怎么,许先生不来吗?""他们就来的。"鲁迅先生说的是浙江式的普通话,我们似乎听懂了,但又不十分明白,萧红张着两只受惊式的大眼睛定定地望着鲁迅先生。正在这时,海婴抢在前面,嘴里叽里咕噜说着上海话,一眼望到我们就跑了过来,接着许先生微笑着也走进来了。鲁迅简单平静地介绍着。"这是刘先生,张先生,这是 Miss 许……"许广平伸过手来和我们握手,这时候我注意到了萧红,她一面微笑着,一面握着手,两堆泪水竟浮上了她的眼睛。第一次会见,我们的谈话怎样开始的,已无从记忆了。大体是我先谈了一下哈尔滨走的情况,青岛情况以及来上海的原因;介绍了东北哈尔滨被日本侵占以后的政治情况、社会情况、人民的思想感情情况、东北的反满抗日的情况等。鲁迅则介绍了上海左翼团体和作家的情况。临分别时,鲁迅把一个信封放在桌子上,指着说:"这是你们所需要的……"我知道里面大概是我所要借的二十元钱。一阵心酸,一股泪水很快地浮上了我的眼睛!尽管如此,由于回去的坐车的零钱没有了,我仍然坦率地说给了他,他由口袋里掏出来大小的银角子和铜板放在了桌子上。走出了咖啡馆,在我们上电车前,萧红和许广平先生还在四手相握恋恋说着什么……我们走进车厢后,鲁迅先生还直直地站在那里望着,许广平先生在频频地招扬着手里的手帕,小海婴也在挥扬着一只小手……这俨像似我们到远方去的"永别"。

能够在四十年之后,如此细致清晰地回忆当年的场景,可见"二萧"对这次会面的珍重和他们与鲁迅的深厚情谊。

这之后重要的会面即是请"二萧"赴宴,一来是鲁迅对他们来到上海的欢迎,二来是鲁迅向"二萧"介绍更多的友人。这既是生活上的关心,免得他们感到寂寞,也是事业上的相助,认识更多文坛战友,得到事业上的提携。1934年12月某日,"二萧"收到了鲁迅先生寄给他们的书简——邀请他们到梁园豫菜馆吃饭。"二萧"接到信后,不断地反复阅读,内心的激动无与伦比。萧军记述他们当时的心情:

> 我们这两颗漂泊的已经近于僵硬了的灵魂,此刻被这意外伟大的温情,浸润得近乎难以自制地柔软下来了,几乎竟成了婴儿一般的灵魂(四十余年后写到这里,我的眼泪竟又浮上了我的眼睛)。

萧红、萧军赴鲁迅宴后合影

这次约会对他们而言,意义重大。以鲁迅的身份,邀约一对名不见经传的文坛青年,这表示鲁迅对"二萧"的信任和关心。他们也是异常兴奋,为了这次赴约,做了多方准备,足见这次约会对他们的重要程度。"二萧"首先寻出一份上海的地图,找到鲁迅说的位置,确认要乘坐的公共电车。萧红抱怨表示没有合适的衣服赴宴,建议要做一件新衣服。她跑到一家"大拍卖"的铺子里花了七角五分钱买了一块黑白纵横的方格绒布料,再用萧军身上的罩衫和在哈尔滨买的俄国高加索式立领绣花的大衬衫,赶制了一件礼服。当晚,萧红就剪裁了衣样,从第二天清晨开始,她就忙着缝纫起来,以萧军不可相信的速度,不吃不喝,不停不休的缝制,更没工夫跟萧军讲话,在下午五点钟以前完成了礼服的缝制。衣服是模仿那件高加索立领套头掩襟的大衬衣制成的,只是袖口是束缩起来的。

赴宴当天,由于"二萧"没有表,因此也不确定自己在什么时间到了约定地点。萧军详细回忆了他们会面的细节:

> 我们上楼后,许广平先生正在张望,似乎在等着我们。他们是最后到达的客人,除了鲁迅一家,还有其他七位以及尚未到的两位。七位中有聂绀弩、聂夫人周姓女士、穿西装的叶紫、说上海话戴眼镜的人(这是我们一道开店的老板)。两个空位(鲁迅解释说:原本是为 H 先生的儿子做满月的,大概他们没有接到信,上海这地方真麻烦)。临开席前,许广平和萧红如见故友一般,表现了女性固有的热情和亲切,竟一臂把她揽抱过去,海婴也掺在其中,他们竟走向另外一个房间去了。那位"老板"很诚恳地为我指点、介绍,应该到哪里去买俄文书,如何坐车等等。宴会结束后,穿西装的青年(叶紫)把他的地址开给我,我的也给了他。

与鲁迅一家见面的亲切感和熟悉感,使两个飘泊的灵魂有了归家的感觉。从鲁迅家返回的路上,萧红和萧军彼此挽着手臂,行走在大街和小巷……脚步轻快,飘飘然,他们感到自己是这世界上最幸福的人了!路上萧红还告诉萧军,那位被叫做老板的是 C 先生,驼背高个的是聂绀弩,女士是周颖,穿西装的是叶紫,空位子是为 H 君和他的夫人 T 女士留的。

聚会时还有小插曲:开餐前许广平先出去转了一圈,她是观察一下有没有可疑的人或特务之类在盯他们的"梢"。这些则全是许广平在饭前饭后悄悄在外面对萧红说的。为了表达他们的感激,"二萧"送给海婴一对枣木镟成的"小棒槌"作为礼物,那是他们 1934 年途经大连,一位名叫王福临的朋友送给他们的。

萧军感慨颇深地写道:

鲁迅先生这次请客的真实目的和意义是很分明的:在名义上是为了庆祝 H(胡风)夫妻儿子的满月,实质上是为了给我们这对青年人接风,从遥远的东北来到上海,人地生疏,会有孤独寂寞之感,特为我们介绍了几位在上海的左翼作家朋友,使我们有所来往,对我们各方面有所帮助;同时大概也担心我这个个性鲁莽的人,不明白当时上海的政治、社会环境⋯⋯的危险和恶劣,直冲蛮闯可能会招致出"祸事"来,所以特地指派了叶紫做我们的向导和监护人。仅从一次宴会的措施,可以充分显示了这位伟大的人,具有伟大灵魂的人,伟大胸怀的人⋯⋯对于后一代的青年人,对于一个青年文艺工作者是表现了多么深刻的关心,付出了多么大的热情和挚爱啊!⋯⋯

为了纪念这次宴会,为了纪念这件新"礼服",我和萧红特意去法租界方氏照相馆照了一张照片。——这是在 1935 年春季间。在这张照片中,我当然穿了那件黑白方格的新"礼服",萧红却穿了一件深蓝色的"画服"。不知为什么,临拍照以前,她竟从照相馆的小道具箱里检出了一具烟斗叼在了嘴巴上,装作吸烟的样子。其实,平时她是并不吸烟的,这是在"装蒜"。

与鲁迅一家的会面,使"二萧"有了回家般的温暖,这是萧红感受到快乐和幸福的时刻。照片则记录了他们那个幸福的时刻。

由于这次宴会上鲁迅的介绍,"二萧"与叶紫渐渐熟悉,而且也成为了他们很好的朋友。后来,鲁迅自费为三人(萧军、萧红、叶紫)出版小说集,即"奴隶社丛书"⋯⋯

从初次见面到"二萧"搬到鲁迅家附近,他们与鲁迅的关系越来越密切。"二萧"与鲁迅之间的通信,也越来越频繁,随着他们逐渐熟悉,语言表达也越发随意。诸如鲁迅对充满稚气的萧红的调侃,这些调侃既有着对孩子气的萧红的怜爱,同时也从侧面折射出萧红在鲁迅面前释然与放松的精神状态。

在鲁迅面前的萧红,显然是没有了任何的精神重负和情绪阴影,显现出萧红被压抑的天真与自然的本性。鲁迅给"二萧"的信中充满了调侃与幽默，这种轻松愉快的笔调，折射出无论是"谈话者"还是"倾听者"都充满了自然的愉悦感。

萧红在鲁迅宴请他们二人时将自己的传家宝——一对核桃和一个小木棒槌送给了小海婴做礼物。鲁迅在信中告诉"二萧"，小海婴非常喜欢这些礼物。他在信中写道："代表海婴，谢谢你们送的小木棒，这我也是第一次看见。但他对于我，却是一个小棒喝团员。他去年还问：'爸爸可以吃么？'我的答复是：'吃也可以吃，不过还是不吃罢。'今年就不再问，大约决定不吃了。"由此可见这个礼物带给孩子的快乐，以及这个礼物给鲁迅一家增添的"童趣"之景。

鲁迅喜欢和怜爱稚气的萧红，一方面是萧红的性格使然，另一方面鲁迅也欣赏萧红的文学才华。萧红的天真与稚气，也使鲁迅能放下沉重的思考，有了片刻恢复轻松与惬意的瞬间，这对鲁迅而言也是难得的心灵放松的时刻。鲁迅在信中，轻松地调侃萧红，充满了趣味与幽默，这也是鲁迅在熟悉的朋友间幽默个性的展现。鲁迅在给"二萧"的回信中，称萧军为"刘先生"，萧红为"令夫人"或"吟女士"（悄吟是萧红的笔名），萧红可能出于女性的独立意识不愿以"夫人"的身份出现于文坛，在信中向鲁迅进行天真地抗议。鲁迅在回信中幽默地答复道："悄女士提出抗议，但叫我怎么写呢？悄婶子，悄姊妹，悄妹妹，悄侄女……都并不好，所以我想，还是夫人太太，或女士先生吧。"这种调侃与幽默中鲁迅心情的轻快也折射出他与"二萧"之间的熟捻与亲近。

作为长者的鲁迅，对她的关心和鼓励，使幼年缺乏父爱的萧红有了一个精神上的父亲。这对萧红是极为重要的，萧红在成长过程中，作为长辈的父母并没有给她一种合理的精神情感的教育，因而从心理人格而言，萧红情感的脆弱、敏感都与她成长过程中父性人格的影响残缺密切相关，成人理性与情感教育的缺席在某种程度上是造成她诸多早期问题的深层原因。鲁迅对萧红是怜爱的，对于萧红有时天真的提问,鲁迅也表现出足够的耐心,萧红写信问鲁迅为什么喜欢壁虎,鲁迅在信中以一个语重心长的长者的态度娓娓地讲述自己与壁虎的故事。这种语调,如同一个父亲对女儿的诉说。

萧红在鲁迅面前,则似一个天真无邪的女儿,在一些信中的语言既有年轻女性的调皮,也有着孩子气的娇憨可爱,萧红的成长经历中被压抑的童心在鲁迅这里似乎得到了释放。鲁迅的慈爱及关心让萧红不幸被磨蚀的内心获得了温暖,恢复了天然率直的本心。对萧红来说,鲁迅既是精神上的导师,也是"二萧"初入文坛的庇护者。他们因文学而结缘,萧红自然希望写出更好的作品得到导师的肯定和赞许。初到上海,萧红一度疏懒,睡觉多,人也发胖了,没写出自己满意的作品,于是她写信俏皮地请鲁迅像严师那样催促她,甚至鞭打她的手心。鲁迅在回信中幽默地调侃道:"我不想用鞭子去打吟太太,文章是打不出来的,从前的塾师,学生背不出书就打手心,但愈打愈背不出,我以为还是不要催促好。如果胖得像蝈蝈了,那就请有蝈蝈样的文章。"

对萧红而言,鲁迅是她走上文学事业的导师。萧红第一部奠定文坛地位、获得声名的作品是在鲁迅的大力帮助下发表的。鲁迅认真校对萧红的《生死场》,由于稿件送到国民党中央宣传部书报检查委员会审查,压置了半年,答复不能出版。鲁迅支持萧军、萧红和叶紫成立了"奴隶社",以"奴隶社丛书"名义自费出版了三人的作品。

鲁迅肯定了《生死场》的书名,并同意为之作序。书出版后,萧红看到萧军的版本中有鲁迅的签名和锌版制作,也孩子气地要求自己的作品也得有鲁迅的签名与锌版制作。鲁迅对萧红的请求予以迁就,而且在给"二萧"的复信中调侃萧红:"我不大稀罕亲笔签名制版之类,觉得这有些孩子气,不过悄吟太太既然热心于此,就写了附上,写得太大,制版时可以缩小的。这位太太,到上海以后,好像体格高了一点,两条辫子也长了一点了,然而孩子气不改,真是无可奈何。"

言语间流露出的怜爱之情如同一个长者或父辈对孩子气的萧红的包容与爱护。

鲁迅像（1933 年）

又如"二萧"和叶紫商议要鲁迅请客的轶事，也从一个侧面反映出鲁迅对青年一代的关心。请客是叶紫的主意，他嘴馋了，又没钱吃，和萧红商量，要"老头子"请他们吃一顿小馆，萧红自告奋勇写了信，信中调侃说怕费钱可以吃差一点的，鲁迅先生回信则说："因为要请，就要吃得好，否则，不如不请。"鲁迅与熟悉的青年之间关系密切且友好，他对于青年如同一个慈爱的长者，而非威严的父亲。

不独如此，鲁迅一家还去看望"二萧"，萧军在回忆中记述了这些经验：

　　第一次是我们到上海不久，住在法租界拉都路中段三百五十号的时候，那次是见到了。第二次是 10 月 27 日鲁迅先生和许广平先生那天来寻我们，而我们去参加世界语五十周年纪念大会去了。回家后得知他们来过，感到很懊丧！这是他们第二次来看我们（当时住在法租界萨普赛路九十号）。第三次搬家，搬到了拉都路中段三百五十一号一处大门里。这是一个较高级的弄堂，门口有铁栅门，一列有三栋三层的西式楼房，我们占了第二栋。这是一位由北方来上海居住的朋友 L 君租下的，承他的好意，把第三层让我们居住了。就在居住这栋楼时，鲁迅先

萧红在鲁迅家门前

生、许广平先生和海婴曾来过一次，当天的午饭是鲁迅先生和许广平先生请我们在法租界一家西餐馆里吃的。

1935年11月6日，"二萧"第一次去鲁迅家里做客，鲁迅当时住在北四川路底施高塔路大陆新村9号。那是一栋二楼一底上海一般性的弄堂房子，第一层是客厅、饭所兼厨房，第二层是鲁迅先生的工作室兼卧室，三层为藏书室。在鲁迅住宅楼下的客厅里，他们坐在长桌边的木椅上，客厅当中摆着插有儿袜大叶子万年青。餐后喝着茶，他们开始谈起关于沦陷之后东三省的生活，直到11点钟，鲁迅先生并没有显出疲倦的神色。宾主相谈甚欢，聊到很晚，他们回家时已过了夜里12点。

临行时，鲁迅和许广平送"二萧"到弄堂口，指着弄堂门口旁边，镶在电灯外写在一片毛玻璃上大大的"茶"字，告诉他们记住这个标记以后就不会找错门了。

在经济生活上，鲁迅也充分为他们考虑，他深知"二萧"经济上还拮据，常常主动请客。一次，在鲁迅家吃过晚饭，鲁迅和许广平提议一起去北四川路的一家电影院看一部外国片，"二萧"很高兴地赞成。由于前次看电影是许广平买的票，萧军嘱咐萧红走在前头，这次由他们买票请客，许广平大概是发觉了这情况，就疾步跟上去，萧军当时对鲁迅先生说："这次由我们买票罢！老作家请十次客，青年作家也该请一次客了。"鲁迅则马上反驳说:"等老作家把十次客请完了,青年作家再来请罢。"结果还是被许广平抢了先——又是他们请了客。萧军感怀地在回忆中写道:我们这一对漂泊的灵魂到了上海举目无亲,只有鲁迅先生在关心着我们,安慰着我们,教导着我们,维护着我们。

鲁迅为了使"二萧"免于在生活和精神上的困窘与寂寞,为他们介绍文坛战友;同时通过他的手,将"二萧"的作品推荐到上海文坛,使他们成为了文坛的新生力量,并将他们作为文坛的新生力量介绍给世界。

鲁迅向"二萧"介绍了日本左翼文学青年鹿地亘和美国女作家史沫特莱,在向史沫特莱介绍中,鲁迅说:"田军的妻子萧红,是当今中国最有前途的女作家,很可能成为丁玲的后继者,而且她接替丁玲的时间,要比丁玲接替冰心的时间早得多。""二萧"作为20世纪30年代左翼作家的代表被收入了鲁迅介绍中国文学现状的文章中。同时,除了事业上的关心和生活上的爱护,鲁迅也珍视着萧红身上的那份特质,她的才华和自我的气质,萧红在鲁迅这里表现出的活泼的女儿性,或许正是鲁迅极为珍视的女性气质。鲁迅在文章中谈及中国女性时曾指出,中国女性只有母性和妻性,缺乏女儿性,母性和妻性是非自然的,唯有女儿性是自然的,萧红个性中的女儿性正是女性自然和自由天性的释放,于情于理都是非常可贵的。

在萧红另外一段记述里,记录了她在鲁迅家里的一件小事:

有一天,鲁迅生病,刚恢复好了些,坐在躺椅上,开着窗子,抽着烟。萧红穿着新式的宽袖红上衣走进去。

鲁迅说:"这天气闷热起来,这就是梅雨天。"他把装在象牙嘴上的纸烟又用手装得紧一点,又说别的了。对于她穿的衣裳并没有注意。

于是她说:"周先生,我的衣裳漂亮不漂亮?"

鲁迅从上往下看了一眼,就说:"不大漂亮。"看来,也许这是极使萧红扫兴吧！先生又说："你的裙子配的颜色不对，并不是红上衣不好看，各种颜色都是好看的，红上衣配红裙子，不然就是黑裙子，咖啡色的就不行了。"又在躺椅上看着萧红说："你这裙子，还带格子，颜色浊得很，所以把红上衣也显得不漂亮了。"许广平先生这时把桃红色的束发带放在萧红头发上比试着说："好看吧！多漂亮。"而萧红也非常得意，很规矩又顽皮地在等鲁迅先生的夸赞时，鲁迅脸色立刻严肃了："不要那么装扮她……"萧红感到一种令人敬畏的长者的眼光，一种俨然的逼迫。

从这段记述中可见鲁迅对萧红的了解和喜爱，鲁迅欣赏萧红的文学才华，对她经历的绝境的同情，他也更清楚萧红的个性气质，他希望萧红保持自己独特的个性气质。或许我们很难分辨这种怜爱几分是出于父性的怜爱，几分是出于男性对女性的欣赏，但这种复杂的情愫折射出鲁迅对萧红的尊重与理解，对她的独特性的看重，这才是最重要的。

三、忘年友谊

后来"二萧"搬到了北四川路西侧的"永乐里"，两家的距离近了，他们几乎每天要见一次至两次，通信就停止了。而"二萧"搬家的原因：一是不想再分散先生的精力；二是他们觉得自己年轻，特别是萧军，很想在鲁迅的生活上、工作上，能有所帮助。因为他们看到鲁迅家的生活情况是：鲁迅常在病中，几乎不眠不休地工作；许广平除了要照管全家的生活之外，有时还要代鲁迅先生抄录稿件；而且海婴还太小，两个老佣人也年纪不轻，动作也不灵便……因此他们决定搬到鲁迅家附近来住，表达他们的"心愿"。于是1936年，他们将家搬到了北四川路永乐里的一个亭子间里，离鲁迅家只有一箭之隔。

"二萧"与鲁迅一家已经有了深厚情谊。这种亦师亦友的关系,近距离的来往自然使他们之间的关系更加密切。

搬到新家以后,"二萧"时常到鲁迅家去。一连好几个月,每夜饭后他们就到大陆新村的鲁迅居所,无论刮风与下雨,几乎没有间断过。

萧红扎着长辫子,时常陪小海婴一起玩耍,在孩子的眼里,萧红如同自己的玩伴,而不是成年的阿姨,而萧红也在这种快乐中忘却了自己内心沉积的伤痛。这时的"二萧"对鲁迅一家来说已不是家里的客人,已如同家人一般,萧红每天陪孩子玩,帮许广平一起做饭。在鲁迅家里这种亲人般的温暖,使萧红获得了内心的最大安慰。

鲁迅给予萧红父爱般的关怀,从年龄上来说,萧红虽经历不幸,但她依然还只是个青年女性,无论阅历及见识,鲁迅都足以作为萧红的导师及长者。对萧红而言,鲁迅是她尊敬的长者,她在鲁迅家时常表现出的少女般的活泼与快乐,恰恰是被压抑的个性的释放。"二萧"与鲁迅一家的亲切交往,这种轻松与惬意的氛围,只有最熟悉和信任的亲人与朋友之间才能保有。

1936年上半年,萧红度过了自己生命中最快乐的一段时光。这时,她获得了文坛的声誉,已发表有分量的小说《生死场》、散文集《商市街》、《桥》,但随后,她的好状态就不复存在了。由于与萧军感情的恶化,萧红去鲁迅家里已没有了过去欢笑戏乐的场面,一方面是鲁迅的病情加重和恶化,不得不卧床养病;另一方面心情抑郁的萧红无处可去,唯一可以获得内心安慰的地方是鲁迅的家。而这时鲁迅由于1936年3月肺病加重,5月再次复发,6月几乎卧床不起,因此也无法陪同前来拜访的客人闲谈。鲁迅在1936年3月给唐弢的信中说:"我的地址不想公开,这并非不信任人,因为随便会客的例一开,那时间就不能支配,连看看书的工夫也不成片段了。而且目前已和先前不同,体力也不允许我谈天。"尽管如此,鲁迅一家依然欢迎萧红来他家随意走动。而这时的萧红因为沉浸在自我的悲哀中无以自拔,只顾着来鲁迅家寻求精神安慰而忽视鲁迅一家此时的忙乱与紧迫。每当这时,除了要照料病中的鲁迅,许广平还抽出时间陪萧红谈天,以致有时甚至疏忽了对鲁迅的照料。一个深陷自我情绪困扰的人是无法理智应对事务的,病中的鲁迅与繁忙的许广平依然关心萧红,正是出于对萧红个性和经历的理解。萧红内心原本就郁结的痛苦加上现实的爱情苦痛,使她的情绪难以恢复如常。

萧红在日本

1936年7月,鲁迅度过了最危险的时期,而且逐渐康复。而"二萧"之间的隔阂依然如故,在黄源的建议下,萧红决定去日本东京度过这段两人感情的危险期,一来黄源的嫂子在日本留学,萧红去日本可以得到一些照应;另一方面,萧红的弟弟张秀珂据说也正好在东京。萧红已有四年没见弟弟,也希望姐弟能在日本相见。萧军则选择去青岛。

7月15日,鲁迅一家为萧红饯行。鲁迅和许广平在大陆新村的商所里特地为萧红设家宴饯行,许广平亲自下厨。"二萧"一同赴宴,席间鲁迅和许广平对萧红说了很多勉励的话,鲁迅娓娓告知萧红上船验关的有关事项、日本的风土人情等。鲁迅在日记中记述了这一事件:

> 晚广平治宴为悄吟送行。之后萧红从上海出发开始赴日之行。

临行前,"二萧"还作了约定,他们觉得写信给鲁迅先生会增添他劳神费心回信的负担,于是决定两人离开上海后都不再给鲁迅先生写信,让黄源时而捎带个口信就行了。而实际上,在此期间,萧军到青岛不日就致鲁迅一封信。鲁迅于1936年8月10日的日记中有

"下午得萧军信"的记录。

由于这个约定"二萧"他们并不曾告诉鲁迅与许广平，所以鲁迅一直记挂着"悄吟太太"。萧红到日本后，茅盾代《文学》向萧红约稿，由于不知道联系地址，曾经询问鲁迅，鲁迅在给茅盾的信中很惋惜地告诉茅盾，萧红自从离开之后，并未给他来过信件，因此萧红的通信地址、近况等等，他也实在不清楚，即"然亦不知其详，所以来意不能转达也"。由此可见鲁迅对萧红的挂念及担心。

1936 年 10 月 19 日凌晨，鲁迅先生与世长辞。10 月 21 日，萧红从东京的一家日本报纸上约略知道了消息，她的日文程度并不足以看懂和理解，但内心的隐忧和恐惧已使她陷入茫然中。萧红在散文《在东京》中描述了当时自己茫然的情态：大脑完全虚空，只有怔怔中眼前的景象，早餐的人的眼镜，雨中的伞，饭馆下女的金牙齿，厨房的张贴画，一个女人抱着一个举着旗子的胖孩子。之后她回到房东家，打着伞进屋，却无论如何进不去，房东的笑声才使她回过神来。鲁迅逝世的消息让萧红这一天完全陷入失魂落魄中。但她只是犹疑，因为她还无法确信是否属实。

第二天犹疑的萧红忍不住飞跑出门，跳上电车，直向女友的住处跑去。刚起身的女友见她这么早赶来，感到很奇怪。萧红便把在日文报上看到的一切告诉了她，但女友告诉她是看错了，于是脸上挂着泪出门的萧红的心暂时放了下来。然而后来她在当地看到中国报纸，确信该消息属实，她无法抑制自己的痛苦，痛哭失声。鲁迅的去世，对萧红是巨大的打击。鲁迅既是她的恩师，更是怜爱她的孤苦身世和才华的慈爱长者，鲁迅的去世使萧红失去了内心可以获得巨大安慰和鼓励的精神依托。萧红在给萧军的信中谈到这一事件：

军：

关于周先生的死，二十一日的报上，我就渺渺茫茫知道一点，但我不相信自己是对的，我跑去问了那惟一的熟人，她说："你是不懂日本文的，你看错了。"我很希望我是看错，所以很安心地回来了,虽然去的时候是流着眼泪。

昨天,我是不能不哭了。我看到一张中国报上清清楚楚登着他的照片,而又是那么痛苦的一刻。可惜我的哭声不能和你们的哭声混在一道。

现在他已经是离开我们五天了,不知现在他睡到哪里去了?

虽然在三个月前向他告别的时候,他是坐在藤椅上,而又说:"每到码头,就会有验病的上来,不要怕,中国人就专为吓唬中国人,茶房就会说:'验病的来啦'……"我等着你的信来。

由于萧红在信中说过,她一时无法写出悼念的文章来,于是,萧军就将这封信交给了主持《中流》的编辑黎烈文先生,作为一篇别具一格的悼念文章,刊载在《中流》的纪念特辑上(后来收入到《鲁迅纪念集》第四辑悼文中)。

1936 年 12 月 15 日,在给萧军的信中,萧红写道:

周先生的画片,我是连看也不愿意看的,看了就难过。海婴想爸爸不想?

这时,距离鲁迅逝世已经过了两个月,而萧红依然无法直视这种痛苦,睹物思人,只会更加伤怀。萧红依然沉浸在鲁迅离世的感伤中。

萧红写于这一时期的诗歌《沙粒》中的一首短诗,表达了鲁迅去世对她的心理和精神带来的沉痛之情:

和珍宝一样得来的友情,

一旦失掉了,

那刺痛就更甚于失掉了珍宝。

鲁迅是萧红一生中影响重要的人物,不仅仅是她文学上的导师,更是慈爱的长者,她珍视的"精神之父"。从日本回来的萧红还常常去鲁宅看望许广平,并去鲁迅的墓地拜墓。1937 年 8 月萧红还写了一首诗怀念鲁迅:

跟着别人的脚迹,

我走进了墓地,

又跟着别人的脚迹,

来到了你的墓边。

那天是个半阴的天气,

你死后我第一次来拜访你。

我就在你的墓边竖了一株小小的花草,

但,并不是用以招吊你的亡魂。

只说一声:久违。

我们踏着墓畔的小草,

听着附近的石匠钻刻着墓石,

或是碑文的声音。

那一刻,胸中的肺叶跳跃起来,

我哭着你,

不是哭你,

而是哭着正义。

……

诗中表达了萧红对自己的精神导师鲁迅的怀念。鲁迅对于萧红如同亲人与父亲,鲁迅的死似乎带走了正义,正义在萧红这里,不仅仅是一种政治人伦的含义,而更倾向于鲁迅给予萧红的情感教育,萧红是在鲁迅的文学影响下倾向左翼文学的。萧红一生中,从家庭到成长,男性权力总是以各种形式侵蚀压迫着她的意志和她的追求,从残酷的父亲到拯救了自己的萧军,萧红始终没有从男性意志的压力下得到过释放,她渴望精神上的尊重和理解。鲁迅对萧红的关爱和理解,是唯一给予过家庭关爱的祖父去世后萧红得到的可贵的情谊。这位"精神之父"对她的理解和认同对于萧红是有着重要意义的。

后来在香港,由萧红执笔写就的哑剧《民族魂鲁迅》发表,在1940年10月20日—31日的《大公报》上,连载了十天。

1937年抗战前后,"二萧"临离开上海时,将关于鲁迅先生的53封书简,萧军抄写了一份副本(为将来出版印刷所用),连同鲁迅的书简原件,用两块手帕包好,还有一些不能带走的照片等一起交给了许广平。

萧红、萧军与文友在鲁迅墓前合影

萧红是非常珍视与鲁迅的情谊的。鲁迅对于萧红而言,有生活上的关心,文学事业上的极力推荐和扶掖。鲁迅不仅是使她真正走上文学之路的精神导师,更是作为精神之父的形象而存在。萧红在鲁迅面前的女儿情态,萧红在鲁迅家里感受到的惬意与温暖,给予了她情感的安慰和精神的慰藉。而鲁迅的去世以及后来与萧军的分手使她失去了情感和精神的双重依托,情绪与郁结终生得不到缓解。

四、另 说

关于萧红与鲁迅的关系,近些年似出现了另一种猜测性说法,那就是关于萧红与鲁迅的爱情说。余杰在这类文章中猜测萧红与鲁迅之间有一种相互欣赏和怜爱的感情,类似于第三种情感的感情。

从人性的本质而言,任何个体都渴望生活中有一个能够从精神上理解自己的异性,这个异性未必是婚姻中的另一半。

鲁迅对"二萧"的关照,无论是窘迫生活上的关照还是文学事业上的提携,都令他们深为感激。鲁迅对他们来说无疑是受人尊敬的师长,又是重要的恩人。因此,自从初次拜访之后,"二萧"每次到鲁迅家做客,主客之间关系都非常融洽,他们一起做饭,萧红在鲁迅家做过北方的饺子、韭菜盒子、合叶饼,这种亲切和熟捻是动人的。他们最初去鲁迅家做客,临别时鲁迅总会关照许广平附上车费。鲁迅的周到和细心,尤其是对"二萧"初来乍到、经济窘迫的关心令他们尤为感激。出于对鲁迅身体和工作繁重的担心,"二萧"决定搬家到鲁迅家附近,以便于照顾和帮助鲁迅。"二萧"搬到鲁迅家附近后,就经常造访鲁迅家。只是后来萧红与萧军之间感情出现裂隙,愁闷的萧红常常一个人造访而已。因此,鲁迅的关照始终是与两人相关的,并非针对其中的某一人。而就关照或提携来说,鲁迅帮助过的青年作家不止"二萧"。

平日里萧红对许广平忙碌的生活是深有感触的,但鲁迅生病期间,抑郁的萧红还常常到鲁家去,鲁迅无法见客,许广平只能陪着。许广平在回忆中记述了萧红在鲁迅病中时常造访带给她的困扰,许广平理解此时萧红内心的痛苦,因此不得不陪着到访的萧红。许广平一面陪着萧红,一面还担心着楼上鲁迅的病情。在这段记述中,一方面我们看到了许广平的周到和宽宏,另一方面却也折射出萧红性格中存在的缺陷。这正是著者一再强调的萧红精神的幽闭症心理情结对她的深刻影响,由于与萧军感情的裂隙,身陷感情困扰而又无助的萧红急于获得精神上的抚慰,而忽略了他人生活的不便,这也从另一方面折射出萧红缺乏安全感和情绪性人格的缺憾。困扰中的萧红,俨然一个孤独无依的小女子,只希望在一个庇护地获得安慰,而缺乏成人独立处理问题的能力。而对于她来说,鲁迅一家,尤其是鲁迅的怜爱和理解,加上许广平的理解和同情,对她来说无疑是唯一的庇护地。胡风夫人梅志在回忆中也述及萧红因为与萧军关系的恶化,情绪愁苦,常到鲁迅家向许广平倾诉烦恼而无视许广平忙碌不堪的现状。梅志回忆中还述及重庆期间萧红和端木蕻良在某个时期常到一位过去东北的朋友家中,引发女主人抱怨的情形,或可作为萧红缺乏周到人情考虑的另一注解。

至于许广平曾向友人抱怨萧红在鲁迅病中常来造访带给她的不便和困扰,及将萧红离开上海远赴日本解读为"二萧"之间因为鲁迅产生裂痕的说法,笔者以为那些同时期的诸多回忆文章谈及萧红因与萧军产生裂痕而去鲁迅家里疗伤的说法也许更为可信。鲁迅在萧红赴日却了无书信的提及,也被解读为二人实有隐秘恋情的证据。"二萧"与鲁迅一家关系密切,彼此相熟,离开了有书信来往极为正常,从正常友谊来解读鲁迅的牵挂也很合理。萧军在回忆中也对此做过解释(为避免病中的鲁迅牵挂和回信的劳累,二人约定不给鲁迅写信)。萧红对鲁迅却有敬爱和崇拜之情,也有着类似于女儿的娇嗔情态以及萧红在临终之际也曾提出将自己葬在鲁迅之侧的愿望。这些或许会造成解读的疑惑,但两性之间介于亲情和友情、爱情之间的情感,是很难定性的,更加之精神层面的欣赏原也无可厚非。而可以肯定的是,他们这种感情的可贵和美好却是极为动人的。如果我们一定要从这些所谓的蛛丝马迹中过度解读,实际上倒折射出人们对爱情的狭隘理解,男女两性的相互欣赏一定要上升到隐秘恋情的猜测,只从另一个角度折射出当下泛滥至极的世俗化爱情观的庸俗影响。萧红对鲁迅的依恋倒更似一个父爱缺失的女儿对父亲的过度依赖,这种依赖的情绪认同显然越出了理性的层面,萧红一生情绪化的生存状态倒是更好地阐释了她的心理动机。

因此在笔者看来,那些认为萧红与鲁迅之间有隐秘的爱情的说法是一种臆测。鲁迅在给"二萧"的信中谈到萧红时语气是轻快愉悦的，鲁迅对萧红文字的欣赏也是非常直接的，但彼此的欣赏并不能作为对存在所谓隐秘爱情猜测的理由。也有从鲁迅对萧红不遗余力的帮助来猜测鲁迅对萧红隐秘的爱情说法的，但鲁迅一生中提携的青年作家众多，"二萧"只是其中之一例，更加之萧红作品自身的独特性，这种说法也仅属猜测。如在"二萧"回忆中谈及与叶紫等商议要鲁迅请客吃饭的趣事，青年作家在鲁迅面前态度的轻松与随意，也从另一个角度反映了鲁迅与他们之间密切的关系。鲁迅对他们来说，并不是高高在上的权威式的精神导师，而是亦师亦友的亲切长者。鲁迅与许多青年作家关系笃深，如鲁迅对胡风的态度丝毫不受他人谣言中伤的影响，相反更加深了两人的忘年友情。

在萧红短促而悲剧的一生中，由于父亲的冷酷及父女之间的观念差异，父爱始终是缺失的。这种现实父爱的缺失构成了萧红人格缺失的一部分，加之初涉社会遭遇的绝境，萧红人格上的缺陷始终未得到弥补和补救。从人格心理而言，现实父亲形象的缺失使萧红内心中格外渴望得到父亲之爱。在现实的生活经历中，祖父和鲁迅是父亲人格的替代。祖父的疼爱，鲁迅的关照和怜爱，都给予萧红父性的爱。这种父性的爱，不是高高在上的家长制的父亲权威的冷漠，而是慈爱的包容的，更类似于母性的爱。端木蕻良在回忆文章中谈及萧红曾经询问鲁迅对青年的爱是怎样的爱时，鲁迅以母性的爱回答她。鲁迅对传统家长制权威极为深恶痛绝，在他的诸多文章中均进行过深刻批判，因而这种慈爱的父爱恰恰是鲁迅更首肯的现代的父爱本质，不是压制和权威式家长意志的传统父亲形象，而是建立在平等和关爱基础上的理解之爱。

萧红对鲁迅一家具有的亲情式的情感，在鲁迅信中、许广平的回忆中和周围朋友的记述中，均有非常细致清晰的记述。因与父亲存有价值立场的冲突，所以，在萧红精神的世界中，她对精神之"父"的寻找，鲁迅自然是最好的代表，所以说，鲁迅之于萧红，具有比拟祖父的亲情和代偿"父亲"的缺失的双重意义。

文章表现上相当英武，
多少还赋予女性的柔和

——萧红与许广平

许广平于 1898 年 2 月 12 日出生在广州，1917 年就读于天津直隶第一女子师范学校预科，担任天津爱国同志会会刊《醒世周刊》主编，1919 年五四运动的消息传到天津，在省立第一女子师范学校学习的许广平立刻投身到如火如荼的反帝反封建运动中。1923 年她考入北京女子高等师范学校国文系，成为鲁迅的学生。

遇到鲁迅之时的许广平，是一个接受过现代大学教育，参加过五四学生运动，并成长为在 20 世纪 20 年代女师大学生运动中活跃的女大学生，也是勇于冲破世俗障碍，与鲁迅走上恋爱之路的现代女性。许广平学生时代活跃的社会经历，表现出她参与社会活动的积极性格，也从侧面折射出这一时代现代女性的社会参与精神。而与鲁迅同居之后，许广平则主要作为鲁迅生活和工作中的助手，与之前意气风发的时代女性大为不同。显然，在许广平的人生经历中，主动求索、热烈参与的经验和阅历与萧红努力追求之路是相似的。两人初次相见，源于"二萧"与他们心目中的精神导师鲁迅的相见。萧红对作为导师夫人的许广平产生爱屋及乌之感。加之，虽然许广平与萧红的性格完全不同，一个是有决断力与张扬个

性的许广平,一个是容易感
伤的萧红,但她们现代女性
的成长经历使她们对求索之
路的艰难都有着共同的感
受,她们对旧式家庭重男轻
女的压抑感是相通的。即使
许广平在与鲁迅生活后退居
家庭,但她曾经作为时代女
性的个性气质并不会由于现
实的拘囿完全改变,一个意
气昂扬的时代女性退却的经
验不是消失或转变,而是遮
蔽了曾经存在的真实自我。

许广平

　　许广平出身于一个聚族
而居的仕宦之家。她幼年
时,母亲就对她有一种厌恶感,甚至想过要将她送给亲戚抚养,但
最终未果。许广平有一个半新不旧的母亲,她给幼年的许广平缠
足,在父亲的反对下,母亲总算扯掉了裹脚布,使许广平免受这一
痛楚。比较而言许广平的父亲尽管守旧,但并没有严格限制女儿
读书的雄心,她的母亲在读书这方面则要开明得多,而这开明是因
为她是出身于澳门的侨胞,幼年时有与自己的哥哥们一起读过书
的经历使她在这方面的认识稍稍高于普通女性。同时许广平也有
与这一时期许多现代女性相同的被守旧的家庭包办的旧式婚姻的
遭遇,尽管在许广平后来的成长经历中,这一事件并未成为大的障
碍,但少年时期守旧家庭带来的隐隐的不快情绪则是相同的。更
何况萧红的境遇更加危险。

一、相知相惜

这样的两位女性,由于鲁迅的关系会面了。在萧军的回忆中,他清晰地记得与鲁迅一家第一次见面时的情形:许广平伸手与他们二人握手,萧红一面微笑着,一面握着手,两堆泪水竟浮上了她的眼睛。宾主相谈甚欢,"二萧"如同见到了亲人,鲁迅一家也相当关照这两位青年作家。临分别时,在"二萧"上电车前,萧红和许广平先生四手相握恋恋不舍地说着什么。他们走进车厢后,鲁迅还直直地站在那里望着,许广平频频向他们招扬着手里的手帕。"二萧"受到了鲁迅一家的真诚欢迎,这殷勤地待客之道折射出他们对初来乍到的"二萧"的友谊与关爱。

1934 年 12 月的某一天,鲁迅约了些朋友为"二萧"设宴。临开席前,许广平和萧红见面时如故友一般,许广平颇为热情和亲切,她一臂把萧红揽抱过去,然后两人走向另外一个房间。那时萧红与许广平认识的时间还很短暂,但她们之间这种一见如故的亲切感却是非常动人的。

在许广平的回忆中,"二萧"的出现带来的喜悦和友谊也是令他们欣慰的。

在《忆萧红》中,许广平记述了与"二萧"见面时的感受——

　　我们在上海定居之后,最初安稳地度过了一些时,后来被环境所迫,不得不度着隐晦的生活,朋友来的已经不多,女的更是少有。我虽然有不少本家之流住在近旁,也断绝了往来。可以说,除了理家,除了和鲁迅先生对谈,此外我自己是非常孤寂的。不时在鲁迅先生出外赴什么约会的时候,冷清清地独自镇守在家里,幻想之中,像是想驾一叶扁舟来压下心里汹涌的波涛,又生怕这波涛会把鲁迅先生卷去，而我还在船上警觉。这时，总时常会萌发一些希冀，企望门外声音的到来。

大约一九三四年的某天，阴霾的天空吹着冷寂的歌调，在一个咖啡室里我们初次会着两个北方来的不甘做奴隶者，他们爽朗的话声把阴霾吹散了；生之执著，战闹，喜悦，时常写在脸面和音响中，是那么自然，便随，毫不费力，像用手轻轻拉开窗幔，接受可爱的阳光进来。

从此我们多了两个朋友：萧红和萧军。

流亡到来的两颗倔强的心，生疏、落寞，用作欢迎；热情、希望，换不来宿食。这境遇，如果延长得过久，是可怕地必然会消蚀了他们的。因此，为了给他们介绍可以接谈的朋友，在鲁迅先生邀请的一个宴会里，我们又相见了。

鲁迅五十三岁生辰全家合影

（萧红）亲手赶做出来，用方格子布缝就的支襟短衣穿在萧军先生身上,天真无邪的喜悦夸示着式样——那哥萨克式,在哈尔滨见惯的——穿的和缝的都感到骄傲、满足、欢欣。我们看见的也感到他们应该骄傲、满足、欢欣。

显然,这次会面中"二萧"的自然与真率的性情给许广平留下了深刻印象,而萧红在这一时期所展现出的生命的热力,也是动人的。这种真诚的会见,自然在彼此间建立了一种自然和真诚的友谊。

在宴席上,她们的关系显然更进了一层。萧红为海婴准备了一个小礼物。许广平在《忆萧红》中记述了这一细节——

> 我看见两只核桃,那是不知经过多少年代用手滚弄曲了。醉红色的,光滑滑的闪动,好像是两只眼睛在招呼着每一个人,而自己却用色和光介绍了它出世的年代。

> "这是我祖父留传下来的。"萧红女士说,"还有一对小棒槌,也是我带来在身边的玩艺,这是捣衣用的小模型,通通送给你。"萧红女士在宴席上交给了海婴。把这些困难中的随身伴侣,或传家宝见赠了。

萧红对于鲁迅一家是非常热爱的,她将身边仅有的珍贵的具有象征意义的传家宝作为礼物送给了鲁迅的公子小海婴。

许广平眼中的萧红的形象,也从某个方面折射出萧红的性格。她这样记述道——

> 中等身材,白皙,相当健康的体格,具有满洲姑娘特殊的稍稍扁平的后脑,爱笑,无邪的天真,是她的特色。但她自己不承认,她说我太率直,她没有我的坦白。也许是的吧,她的身世,经过,从不大谈起的,只简略地知道是从家庭奋斗出来,这更坚强了我们的友谊。何必多问,不相称的过早的白发衬着年青的面庞,不用说就想到其中一定还有许多曲折的生的旅程。

她们见面伊始,很快就成为可以亲切交谈的朋友。鲁迅一家视"二萧"如自己的亲人,并公开了住处,欢迎他们随时可以拜访。

看到鲁迅身体状况不断恶化,尤其是鲁迅的劳累及许广平的辛苦,"二萧"为了能够更方便地帮助鲁迅一家,决定搬家,他们搬到北四川路离鲁迅家不远的地方住下,只需步行就可到达鲁迅居处。但搬家之后,每天去鲁迅家的并不是萧军,而是萧红,有时甚至每天去一两次。

鲁迅未生病之前,萧红的来访时常会给这个家庭带来生气,萧红在回忆中记述一个梅雨天放晴后她去鲁迅家的情形,萧红先是高兴地问候鲁迅、许广平夫妇,他们愉快地谈论着天气。小海婴也极为喜欢萧红,萧红的长辫子是小海婴最感兴趣的,他甚至将萧红视为自己的玩伴。这样的情形无不显示出萧红对这个家庭的熟稔,也反映出他们主客相欢的氛围。

频繁到鲁家,与许广平的交谈日久,萧红对许广平的了解也更多,她对许广平的生活情形和她坚强与镇定的个性也有了更深的理解。

萧红看到许广平一个人操持着家中的一切。鲁迅喜欢北方口味,许广平想请一个北方厨子,鲁迅认为开销太大,请不得。家中买米买炭都由许广平下手,为了考虑节省开支,鲁迅家里用的都是年龄大的佣人。来了客人,许广平要周到地招待。而鲁迅生病后,许广平就更加忙了,她要按时给鲁迅吃药,按时给鲁迅试温度表,还要填写医生发的表格。甚至鲁迅在病中,许广平不仅要照顾鲁迅的身体,同时还得接待拜访的客人,尽管如此繁忙,她还能同时团着毛线,随时给家人编织每个季节需要的绒线衣等。但萧红在记述这些时,并没有想到自己曾经悲伤时去鲁迅家寻求安慰的拜访带给许广平的麻烦。许广平忙碌地照顾孩子,照顾鲁迅的起居,照顾前来拜访的客人,她还用机器给家人做衣裳。同时她因为忙碌,以至于忘记了自己的衣服是否旧,是否磨破等。萧红看到,许广平冬天穿着一双她自己做的并不美观的大棉鞋,一直穿到二、三月早晚冷时。许广平在这个家中操劳忙碌的景象又何尝不深深地触动了萧红,萧红这些丰富细节的记述表达着敬佩和理解的复杂情感。或许在鲁迅的友人中,萧红是能够从一个女性的视角观察到许广平在这个家庭中的作用的唯一的人。相比较于胡风夫人梅志赞许式地描写许广平照顾鲁迅的周到与待客的周全与热心，萧红则对许广平在家里操持家务繁忙的状态与忘我的精神有更细致的描绘，她对许广平在日常生活的个性，与许广平的承担精神显然有更复杂的感受和认识。她对鲁迅一家待友人的真诚，鲁迅资助青年作家的慷慨，但他们一家在日常生活中的节俭无不有着发自内心的感激和崇敬：

> 处处节俭，把俭省下来的钱，都印了书和印了画。

> 现在许先生在窗下缝着衣裳，机器声格答格答的，震着玻璃门有些颤抖。窗外的黄昏，窗内许先生低着的头，楼上鲁迅先生的咳嗽声，都搅混在一起了，重续着，埋藏着力量。在痛苦中，在悲哀中，一种对于生的强烈的愿望站得和强烈的火焰那样坚定。

> 许先生的手指把捉了的缝的那张布片，头有时随着机器的力量低沉了一两下。

> 许先生的面容是宁静的，庄严的，没有恐惧的，她坦荡地在使用着机器。

这段细致的记述中饱蕴的深情和理解是感人的！在萧红的描述中，她对鲁迅一家点点滴滴的记忆都渗透着对这个家庭的熟悉与关切。

而许广平又何尝不理解萧红呢，由于当时鲁迅不时在病中，不能多见客人。即使在这种情况下，除了要照顾病中的鲁迅之外，许广平还不得不用最大的努力留出时间在楼下客厅陪萧红长谈，由此可见许广平宽和的性格，以及她对萧红真诚的关心。许广平在《忆萧红》中描述当时萧红的情绪状态：

> 她有时谈得很开心，更多的是勉强谈话而强烈的哀愁，时常侵袭上来，像用纸包着水，总没法不让它渗出来，自然萧红女士也常用力克制，却转像加热在水壶上，反而在壶外面都是水点，一些也遮不住。

　　"二萧"与鲁迅一家的密切来往自然使许广平对"二萧"日常的个性与两人的关系状态有更多的了解，因此许广平敏锐地看出这一时期的萧红陷入了极度的苦恼与哀愁中。这时的萧红，因为萧军移情别恋，她心情抑郁无处排遣，时常到鲁迅家寻求安慰。因为对萧红来说，萧军的外遇消息带来的失望和感伤，使她无法忍受一个人待在家里枯守的困窘状态，一切都会令她再度联想到自己曾经经历的不幸，她又陷入了痛苦的心理郁结中。虽然鲁迅身在病中，但鲁迅与许广平对她而言，如同自己内心最后的安全避风港，鲁迅是怜爱他的导师和精神指引，许广平是她信任的同性密友，或许唯有在这里，她才能获得暂时的心理安慰。

　　鲁迅病情好转，显露出康复的迹象后，萧红为了能够冷静地处理她和萧军的感情危机，在黄源的建议下，决定到日本去。临行前，鲁迅一家为她饯行，许广平亲自下厨，席间他们对萧红说了许多劝慰的话。对萧红而言，这就如同亲人般的温暖，鲁迅如同她的精神之父，许广平则如同一个年长的大姐，这种呵护般的温暖对于萧红而言是难得的，也是珍贵的。

　　萧红到了东京几个月之后，鲁迅逝世。得知鲁迅逝世的消息，萧红极为悲痛，与此同时，她想到许广平和海婴这一对刚刚失去至亲的母子，因此在给萧军的信中，多次嘱托他去看望母子二人，给她们可能的帮助，使母子二人不要过多地沉浸于悲痛而使身体及精神受损。

　　鲁迅去世后，萧红以女性的细腻与敏感，关心着亦师亦友的许广平，她虽然自己情绪也并不佳，但她更关心处于悲痛中的许广平。萧红设身处地地对许广平的担心，是建立在她们彼此对对方身世和现实生活的了解和同情的基础上的。她与鲁迅一家亲人般的感情自然使她对刚刚遭遇了不幸的许广平母子格外担心和挂念。萧红对刚刚经历了丧夫之痛的许广平的关心，是真诚和感人的。

　　萧红在 1936 年 10 月 24 日给萧军的信中写道：

　　　　可怕的是许女士的悲痛，想个法子，好好安慰她，最好使她不要静下来，多多的和她来往。过了这一个最难忍的痛苦的初期，以后总是比开头容易平复下来；还有那孩子，我真不能够想象了。我想一步踏了回来，这想象的时间，在一个完全孤独了的人是多么可怕。

最后你替我去送一个花圈或是什么。

告诉许女士，看在孩子的面上，不要太多哭。

鲁迅先生逝世以后，也许是触景生情的缘故，许广平不愿在大陆新村住下去了，萧军就帮她在法租界霞飞路找了一幢二层楼的房子，当时萧军也住在霞飞路，两家挨得很近。萧军除参加鲁迅逝世时治丧委教会分配的那些工作外，由于住得近，便又主动代替许广平跑印刷厂取送《且介亭条文》一、二、三集校样。因此，他每天总要和许广平见上几次面，许广平也因而常常问起萧红在日本的一些情况。于是，萧军在给萧红写信或者寄书、物时，他总要告诉萧红：许广平如何如何关心她，这使得身在异国他乡深感孤寂的萧红大为感动。

许广平的早年身世和萧红的少年时期有着一些类似的地方，所以，当"二萧"第一次同鲁迅会面的时候，两位女性就敞开了心扉，渐渐地把各自的身世告诉了对方。在萧红赴日本疗病前，一遇到不顺心的事儿或感到痛苦时，就常常跑到鲁迅家中去向许广平倾诉，寻求某种程度上的精神解脱。而如今，鲁迅刚刚逝世，许广平自己内心的痛苦自不用说，与此同时她还得办理丧葬事宜，还得照顾年幼的孩子，这些困扰可以想见。但是当她遇见萧军，就关切地询问萧红在日本的近况。许广平是了解萧红去日本前的心境的，对萧红敏感的个性和脆弱的精神的了解自然使许广平联想到萧红在日本，孤独一人困难一定会很多，心情也不会太舒畅……乃至于在 1936 年 11 月 9 日自东京发出的信中，萧红由衷地对萧军感叹："许广平她还关心别人？她自己就够使人关心的了。"

在相隔几天之后的另一封信中。萧红又殷殷地告诉萧军："许的信，还没写，不知道说什么好，我怕目的是想安慰她，相反的，又要引起她的悲哀来，你见着她家的那两个老娘姨也说我问她们好。"

这段时间，萧红在信中也总要屡屡嘱告萧军，多多去关心照顾许广平和她的孩子小海婴。她在 1936 年 11 月 2 日给萧军的信中写道：

> 许女士也是命苦的人，小时候就死去了父母，她读书的时候，也是勉强挣扎着读的，她为人家做过家庭教师，还在课余替人家抄写过什么纸张，她被传染了猩红热的时候是在朋友的父亲家里养好的。这可见她过去的孤零，可是现在又孤苦了。孩子还小，还不能懂得母亲。既然住得很近，你可替我多跑两趟。别的朋友也可约同他们常到她家去玩，鲁迅没完成的事业，我们是接受下来了，但他的爱人，留给谁了呢？

两位现代女性，都身临自己生命中精神痛苦的时刻，但她们依然彼此担心和牵挂着对方，这种友谊是建立在她们彼此的理解，以及对双方彼此生命经验的体认的基础上。正因为她们有着对对方困境的真正理解和同情，才能滋生出对对方生存与精神情绪的深切关怀。

二、文坛知音

在次年发表的《追忆萧红》一文中，许广平以更加细致的笔调，追述与"二萧"的过从。她不仅详细叙述了"二萧"追随鲁迅、追求文学事业的过程，而且也相当详细地记述了鲁迅对"二萧"殷切的帮助与期望。

在文章中她不再局限于个人意义的会面，而是将之放置于左翼文学发展的大背景中，追忆与"二萧"与鲁迅具有象征意义的会面，以及之后他们之间建立起来的亦师亦友的深厚友谊。许广平详细记述了鲁迅对"二萧"生活及文学事业上的关心与照顾，介绍友人与他们相识,以减少他们因初到上海人生地不熟而滋生的寂寞孤独感。同时鲁迅还将"二萧"引荐到文坛,"二萧"的创作遂即在上海文坛留下了他们的印迹,他们迅速成为左翼文坛的"新星"。关于这些细节,许广平在《再忆萧红》中有颇多记录:

> 自从日本人占领了东北,成立伪满洲国之后。许多东北作家都陆续逃亡到山海关里来了。在一九三四年的十月,萧红和刘军(那时的称呼,即萧军)两先生到了人地生疏的上海,"就是还没有在这土里下根"(见鲁迅给刘军信),非常之感觉寂寞和颓唐,开始和鲁迅先生通讯,在一个多月之后的十一月二十七日,由于他们的邀请,鲁迅先生和我们在北四川路底一间小小的咖啡店作第一次的会面了。

> 人每当患难的时候遇到具有正义感的人是很容易一见如故的。况以鲁迅先生的丰富的热情相对文人遭遇压迫的不幸,更加速两者间的融洽。为了使旅人减低些哀愁,自然鲁迅先生应该尽最大的力量使有为的人不致颓唐无助。所以除了拨出许多时间来和萧红先生等通讯之外,更多想方设法给她(他)们介绍出版,因此萧红先生等的稿子不但给介绍到当时由陈望道先生主编的《太白》,也还介绍给郑振铎先生编的《文学》,有时还代转到良友公司的赵家璧先生那里去。总之是千方百计给这些新来者以温暖,而且还尽其可能给介绍到外国。那时美国很有人欢迎中国新作家的作品,似乎是史沫特莱女士也是热心帮助者,鲁迅先生特地介绍他们相见了。在日本方面,刚巧鹿地亘先生初到上海,他是东京帝大汉文学系毕业的,对中国文学颇为了解,同时也为了生活,通过内山先生的介绍,鲁迅先生帮助他把中国作家的东西,译成日文,交给日本的改造社出版,因此萧红先生的作品,也曾经介绍过给鹿地先生的。从这里我们可以得知萧红先生的写作能力的确不错。而鲁迅先生的无分成名与否的对作家的一视同仁也是使得许多青年和他起着共鸣作用的重

要因素。

作为东北人民向征服者抗议的里程碑的作品，是如众所知的《八月的乡村》和《生死场》。这两部作品的出现，无疑地给上海文坛一个不少的新奇与惊动，因为是那么雄厚和坚定，是血淋淋的现实缩影。而手法的生动，《生死场》似乎比《八月的乡村》更觉得成熟些，每逢和朋友谈起，总听到鲁迅先生的推荐，认为在写作前途来看起来，萧红先生是更有希望的。想象得出，这就是他们新生活的开始。他们在患难中相遇。这一段掌故是值得歌诵的，直至最后，她（他）们虽然彼此分离，但两方都从没有一句不满的话，作为向对手翻脸的理由。据我所听到，是值得提起的。

在这段文字中，许广平对"二萧"的文学创作的特色极为肯定，尤其是对萧红的文学才华极为赞赏。因此许广平对于萧红的同情已不仅仅是对萧红遭遇的同情，更有对富有文学才华的女作家精神痛苦的同情，更有对她们这一代现代女性追求事业之努力的同情与鼓励。作为一个女师大毕业曾富有社会活动积极性的现代女性，许广平与鲁迅生活在一起后，虽然未直接介入这一代时代女性追求的轨迹，从某种心理上说，对萧红的赞赏与同情中有着她对这一代女性精神与心理的深刻体察，而萧红的到来显然也给许广平的生活带来了活力和外界的气息，这之中无疑有着移情的心理体验。

许广平在鲁迅逝世后，开始走上文坛，介入左翼社会活动，从事《鲁迅全集》的编辑工作，并开始写作文章，在某种意义上成为代言鲁迅的左翼社会活动家。从许广平的这种身份转变中，我们可以看出她身为现代女性被家庭主妇身份压抑的潜力。

萧红逝世后，许广平对她的早逝极为痛惜。她高度评价萧红的创作才华：

到现时为止，走出象牙之塔的写作，在女作家方面，像她的造诣，现在看来也还是不可多得的。如果不是在香港，在抗战炮火之下偷活的话。给她一个比较安定、舒适的生活,在写作上也许更有成功。或竟丢弃写作自然也不是绝不可能,这不必我们来作假定。不过如果不是为了战争,她也许不会到香港去,也许不会在这匆匆的人世急忙忙地走完她的旅程,那是可以断定的。

许广平赞赏萧红文学上的灼灼才华,但她更从女性细腻的情感视角,对萧红短暂生命中经历的生活磨难与精神痛苦深为同情,她的回忆文字将一个经历过不幸的日常状态的萧红的情貌展现出来,将一个有着高远追求可又时时被恐惧阴影与郁结萦牵的现代女性的精神痛苦细腻地描画出来。这样的萧红是有些神经质的敏感的,在这种时候,她是不通人情世故的,似乎是任性、偏执的。在笔者看来,萧红成长时期缺乏双亲理性与情感教育在某种程度上造成了她的敏感型人格,萧红缺乏理性成熟的情绪性人格是个体成长环境及经验影响而成的,理性人格的匮乏使她在个体困境中往往陷入自我情绪的泥沼而缺乏主动应对的魄力和勇气,这种情绪性心理外化为一种心理的依赖感,从而获得个体的心理安慰。

当然不能否认,萧红先生文章上表现相当英武,而实际多少还赋予女性的柔和,所以在处理一个问题时,也许感情胜过理智。有一个时期,烦闷,失望,哀愁笼罩了她整个的生命力,然而她还能振作一时替刘军先生整理、抄写文稿。有时又诉说她头痛得厉害,身体也衰弱,面色苍白,一望而知是贫血的样子。这时过从很密,差不多鲁迅先生也时常生病,身体本来不太好。萧红先生无法摆脱她的伤感,每每整天的耽搁在我们寓里。为了减轻鲁迅先生整天陪客的辛劳,不得不由我独自和她在客室谈话,因而对鲁迅先生的照料就不能兼顾,往往弄得我不知所措。也是陪了萧红先生大半天之后走到楼上,那时是夏天,鲁迅先生告诉我刚睡醒。他是下半天有时会睡一下中觉的,这天全部窗子都没有关,风相当的大,而我在楼下又来不及知道他睡了而从旁照料,因此受凉了,发热,害了一场病。我们一直没敢把病由说出来。现在萧红先生人也死了，没什么关系，作为追忆而顺便提到，倒没什么要紧的了。只不过从这里看到一个人生活的失调，直接马上会影响到周围朋友的生活也失了步骤，社会上的人就是如此关连着了。

许广平的描述还为我们呈现了一个干练的小主妇的角色：

"二萧"与鲁迅一家熟悉后，又加之住所颇近，因此鲁迅施高塔路大陆新村寓所里就时常有他俩的足迹。"二萧"关系和谐时，去鲁迅家也是宾主尽欢的。他们去鲁迅的时候，有时带着一包黑面包及俄国香肠之类的东北特产。许广平记得有一回他们挟着一包油腻腻的东西，打开一看，原来是一只烧鸭的骨头，大约是从菜馆里带来的，于是许广平忙着配黄芽菜来烧汤，宾主一起谈谈吃吃，颇为有趣。有时，他们去鲁迅家，他们一起做饺子吃。萧红是东北人，不仅会做饺子，而且还有特别的技巧，饺子做得又快又好，而且从不会煮起来漏穿内馅。除此之外，萧红也善于做两层薄薄的饽饽，用于吃烧鸭时配闲搭配着吃。

对于这样一个聪明的主妇，许广平感慨地说：

如果有一个安定的，相当合式的家庭，使萧红先生主持家政，我相信她会弄得很体贴的。听说在她旅居四川及香港的时候，就想过这样的一种日子，而且对于衣饰，后来听说也颇讲究了，过份压抑着使比较美好生活的不能享受，也许是少数人或短时间所能忍受的罢，然而究竟怎样是比较美好的生活呢？物质的享受？精神领域的不断向上追求？有人偏重一方，把其他方面疏忽了，也许是聪明，却也有人看作是傻子。总之，生活的磨折，转而使她走到文化领域里大踏步起来，然而也为了生活的磨折，摧残了她在文化领域的更广大的成就。这是无可补偿的损失。

我们还可以从这些记述中看到萧红单纯、可爱、乖巧的一面。在日常生活中，萧红还是一个熟悉家庭事务的聪明的主妇。她并不是动辄要人关怀的人,实际上生活中的萧红,完全是个可以将家务收拾得井井有条的主妇,她帮助萧军抄写书稿,料理家务,初次见鲁迅时为了表达他们的庄重她甚至当时还飞速地为萧军赶制了一件衬衫。她与端木蕻良生活在一起时,也依然如此。某些传记将萧红描述为动辄需要男子庇护的叙述语调显然过于违背事实。萧红并非矫情女子,事事依赖男性,事实上在日常生活中她几乎承担了所有的家务,除此之外她还勤于写作,对萧红这样的现代女性而言,她们追求人格的独立与平等,追求自我的价值,但同时她也渴望得到感情的庇护;尤其是对于孤独作为情结表征成为心理郁结的萧红来说,她更期待男子给予她精神上的尊重与情感上的关心。在对萧红的才华和她的性格的描述上,许广平对萧红无疑有着非常准确的把握。她既看到了萧红身上的文学才华,也肯定了萧红的文学成就,她也看到了日常生活中那个干练的东北小主妇的麻利身影;与此同时,她也看到了那个内心深处被悲伤郁结着的脆弱的萧红。这个萧红是多面的,丰富的。

三、女性情谊

许广平与萧红之间的亦师亦友的关系,不仅包括她们对彼此经历的了解与意会,同时她们之间那些关于女性生活的相互交流与彼此关照更是显现了她们之间的熟悉与亲切。

因为同为现代女性,因此有着共同的话题与兴趣,她们对于身为女性以及由此带来的身体的隐痛及痛苦有着深刻的领会。她们一见如故,进而开始交流一些女性的私密话题。这种话题唯有女性之间才可以相互理解和彼此同情。在许广平眼中,萧红本质上是一个简单的人,天真率直,由于有过被困的极端经历,内心中有郁结,因而形

成了时而开心、时而忧郁的敏感
性情绪化人格。在萧红的眼中,
许广平是率直的。两位现代女
性有过一些相似的感受和经验,
尤其是对现代女性在现实社会
中的被压抑感感同身受,许广平
为了鲁迅放弃了自己作为现代
女性参与社会的努力,而萧红也
时常在家庭中感受到作为女性
被有大男子主义作派的萧军轻
视的精神上的不快。基于这些
共同的感受和经验,她们自然有
很多可以私下交流的女性话题,
而这些女性话题则格外显示出

萧红与许广平

那种唯有女性密友之间才能拥有的情谊。

  初遇萧红,许广平就感叹萧红年纪轻轻但却显露出的身体的虚
弱与由此带来的伤痛,自然产生了对萧红的同情与关切。许广平描
述道:“除了脸色苍白之外,萧红先生在和我们初次见面的时候就看
到她花白的头发了。”认识鲁迅一家时,萧红刚刚二十出头,但却有
着与年龄不相称的白发和苍白的面颊,萧红在被困时又饥又饿,加上
已怀身孕的身体,这段哈尔滨被困的经历几乎摧毁了她的身体,那段
经历带给她身心双重打击,留下了身体的隐痛和精神的创伤。

  她们熟识之后,如同亲密的姐妹,所谈论的内容也越来越家常和
私密,她们谈起各自的身体因隐痛带来的不适,相互交流着彼此的应
对经验。萧红因为精神的创伤留下了头痛的病症,她将自己治疗经
验中比较有效的药方告诉许广平。许广平在回忆中细致地记述了这
些细节:

   ……时常听见她诉说头痛,这是我有时也会有的,通常吃几

次阿司匹灵就会好,却是副作用一定带来胃病。萧红先生告诉我有一种名叫 Socloff 的,在法国普仕药房可以买到,价钱并不昂贵,服了不会引起胃病,试过之后果然不错,从此每逢头痛我就记起她的指导。可是到了战事紧张,日本人入租界之后。这药买不到了。现时不晓得恢复了没有。

她们还交流其他一些女性应对身体不适及疼痛的经验,尤其是女性在生理周期时出现的痛感经验。萧红不仅体质虚弱,同时她还不得不承受在女性生理周期时所伴生的一种宿疾的折磨;每个月到这个时期,萧红都要经历一次肚子痛的折磨,痛起来好几天不能起床,好像生大病的状态。为了对付这种病痛,萧红时常采用的方式是每次服"中将汤",但一直没有得到缓解。她与许广平交流这些女性私密的生活经验后,许广平则将自己的经验告诉萧红,劝告萧红服用乌鸡白凤丸治疗经痛。萧红服用后,效果不错,并且她的身体状况还逐渐得到了改善。许广平在回忆文章中详细记述了她们分享女性生存经验的这些点滴:

> 我告诉她一个故事,那是在"一二八"上海作战的时候,我们全家逃难。和许多难民夹住在一起,因此海婴传染到疹子。病还没十分复原,我们就在战事一停之后就撤回北四川路底寓所了。没有人煮饭,得力的女工跑了去做女招待。我自己不是买菜就是领小孩,病后的小孩才三岁半,一不小心,又转为赤痢了,医了一年总不肯好。小孩长期吃流质营养不足,动不动就又感冒生病,因此又患着气喘。这一年当中,不但小孩病,鲁迅先生和我都病了。我疲劳之极,患了妇人常遇到的"白带",每天到医院治疗,用药水洗子宫,据医生说是细菌在里面发炎,但是天天洗,消了两个多月一点也没有好。气起来了,自作聪明的偷偷买了几粒白凤丸,早晚吃半粒,开水送下,吃到第二天,医生忽然说进步非常之快,可以歇一下看看再说。我心想既然白凤丸有效,或者广东药店出售的白带丸更有效,也买了几粒服下,再

服几粒白凤丸善后,从此白带病好了,永远没有复发。

鲁迅先生是总是相信中医的,我开头不敢告诉他。后来医生叫我停止不用去治疗才向他说。再看到我继续服了几粒白凤丸居然把患了几个月的宿疾医好,鲁迅先生对于中国的经验药品也打破成见,而且拿我这回的经验告诉一些朋友,他们的太太如法炮制,身体也好起来了。若讲学似的把前后经过告诉了萧红先生,而且我还武断地说,白凤丸对妇科不无效力,何妨试试?过了一些时候,她告诉我的确不错,肚子每个月都不痛了,后来应该痛的时候比平常不痛的日子还觉得身体康强,她快活到不得了。

从这些文字中,可以看出许广平与萧红之间真诚的友谊。她们交流谈论着这些琐细的话题,既有时代女性的困惑和压抑,也有身为女性的个体的琐细的痛苦与快乐。这不是概念化的现代女性,而是实实在在的生活在社会家庭中的多重女性身份的感受与体验。许广平比萧红年长十多岁,在生活阅历及个性气质上积淀的沉稳和理性都是感性敏感的萧红匮乏的,无疑这种大姐姐般的关怀给予了萧红情感的呵护。不能不说这种女性情谊给予萧红的温暖,或许是她幼年时被忽略的家庭之爱的弥补。她们既是时代女性,又是妻子,她们分享着在传统的家庭角色与现代女性身份之间游走的多重体验与困惑。

萧红从东京回来后,她去拜望了许广平,并同许广平等一起去鲁迅墓拜祭。"二萧"与许广平依然保持着密切的来往,他们依然同过去一样,时常去探望许广平母子;即使在许广平因为收留鹿地亘夫妇被日本人监视颇为紧张时,他们依然如故,许广平对此颇为感慨,她赞美"二萧"这种耿直勇敢的个性。这些都反映出她们之间密切的关系,和彼此深厚的友谊凝就的信任与担当。

对于萧红的情感创伤,许广平是见证人,她看到萧红因为情变而情绪低落,痛苦与焦虑的情状,或许正因为理解与同情,她并没有因为鲁迅生病干扰不便而拒绝萧红探访,这种宽和也在某种程度上显示了许广平理智与沉稳的个性气质。

许广平对"二萧"是极为了解的。此外,她对"二萧"之间彼此性格的坦荡与率直都是极为赞赏的。她格外记述了抗战时"二萧"明知自己有危险,却依然收留庇护日本左翼作家鹿地亘和池田幸子一事,对他们的英勇举动极为褒扬。

1937年,萧红、萧军与许广平、周海婴在鲁迅墓前

鲁迅大出殡时,萧军认识了日本左翼进步作家鹿地亘、池田幸子夫妇,鹿地亘也是鲁迅葬礼时16个抬棺人之一。"八·一三"上海抗战爆发后,由于对日本帝国主义侵略者的极端仇恨,不少中国人对日本人恨之入骨,这种民族仇恨有时不免表现出简单狭隘的一面,即对所有日本人都表现出仇恨的态度,而日本人中其实也不乏对其军国主义的罪恶有清醒认识并敢于批判的一些人的,但不明真相的群众则在盲目的爱国主义中将愤怒转移到这些人身上,因此在这种气氛中,凡是日本人都处在极度危险的境地。鹿地亘夫妇作为清醒的左翼知识分子,他们反战同情中国人民的立场由于他们的日本人身份此时招致麻烦,"二萧"为了保护鹿地亘夫妇免遭不测或杀害,竭尽全力将他俩隐蔽了起来,并在生活上给予很多帮助,成了患难之交。

由于"二萧"住处也不方便,邻居们都知道鹿地亘夫妇是日本人,加之附近还有一个在法国巡捕房当差的白俄巡捕。因此,萧红将他们转移到住房比较宽敞、从事抗日救亡工作的一位爱国人士家中。

在 1937 年"二萧"与许广平、周海婴在鲁迅墓前这家人中，他们住了有一个来月。

许广平在《忆萧红》一文中这样写道：

"八一三"以后，战争的严重性一天天在增重，两种人的界限也一天天更分明，谣言我寓里是客留二三十人的一个机关，迫使我不得不把鹿地先生们送到旅店。他们寸步不敢移动，周围全是监视的人们，没有一个中国的友人敢和他们见面。这时候，惟一敢于探视的就是萧红和萧军两先生，尤以萧红先生是女性，出入更较方便，这样使得鹿地先生们方便许多。

也就是说，在患难生死临头之际，萧红先生是置之度外的为朋友奔走，超乎利害之外的正义感弥漫着她的心头，在这里我们看到她却并不软弱，而益见其坚毅不拔，是发扬中国固有道德，为朋友解难的弥足珍贵的精神。

由于收留鹿地亘夫妇，"二萧"引起了日本人的怀疑，他们的身份也面临危险。在这种情况下，1937 年 9 月 28 日，"二萧"告别了关系密切的许广平，告别了在上海结识的众多的作家和编辑朋友，告别了他们居住达三年之久奠定他们文学事业基础的大上海，启程前往武汉。上海对他们意义深远，恩师鲁迅的关怀与提携将是他们永远的记忆，为此，临离开上海前，"二萧"与许广平携小海婴一起，前往万国公墓鲁迅墓前庄重地合影留念……离沪之行颇多曲折，由于此时的上海北站已为日寇占领，并且有重兵把守，盘查极严，左翼人士根本无法在此上车离沪，为此，"二萧"遂由上海西站（时名梵皇渡车站）登车，沿沪杭铁路抵达嘉兴，再经由当时尚未遭日寇空军炸毁的苏嘉铁路，自嘉兴抵达苏州，继续西行到南京。在南京等候数日后，他们才挤上了破旧而又拥挤不堪的开往武汉的长江客轮。

临离开上海时，萧军将萧红题为《私の文集》的小笔记本交给许广平保存。这是非常有意义的一件事情，这是萧红在东京时写作的大部分诗作，记录了她这一时期的情绪和经验，这些资料为后人了解和研究萧红提供了可贵的第一手资料。——尽管这些诗作里也包括萧红对萧军"移情别恋"所表达的不满与愤慨。尽管日寇攻占上海后，许广平先生遭日本特务机关非法关押，但萧红的这些诗作，最终得以和鲁迅先生的许多珍贵资料一起保存了下来。新中国成立后，鲁迅博物馆于北京成立时，许广平先生将这些资料送交该馆收藏。

这本《私の文集》是一个有着红色封面的小笔记本。萧红自日本东京回国后，用她特有的清秀字体，在小笔记本上工工整整地抄录了她写作的大部分诗歌。这些诗歌全是抒发她的真实的心声的，有的在报刊上发表过，有的未曾公诸于世，就是公诸于世的长诗《沙粒》，亦与未发表过的自集诗歌有所不同。

萧红离开上海之后，许广平依然惦念着萧红。对萧红曲折的感情经历和因此遭受的身体上的伤害，许广平是深为同情的。在萧红去世后，她记述萧红"八·一三"事变后复杂的情感纠结和萧红经历的生育事件的变故，无疑有着一个成熟女性来自自身生命经验的深刻的理解和同情：

> 等到"八·一三"之后她撤退到内地，曾经收到她的来信，似埋怨似称谢的，说是依我的话服过药丸之后不但身体好起来，而且有孕了。战争时期生小孩是一种不容易的负担，是不是我害了她呢。后来果然听朋友说她生过一个孩子，不久又死去了。不晓得生孩子之后身体是否仍然康强，如果坏起来的话，那么，真是我害了她了。现在是人已经逝世了几年，我无从向她请求饶恕，我只是怀着一块病痞似地放在自己心上，作为精神的谴责，然而果真如此简单就算了吗？

这些文字中，有着沉痛的回忆与自责，在平白的文字叙述背后，我们仿佛看到身为女性的萧红，在情感的十字边沿上，经历的又一次双重身心打击。事实和事件本身具有的张力所蕴含的复杂内涵就足以反映萧红这一次经历的又一次生育痛苦的遭遇在她的心灵上再次留下的阴影。

对于"二萧"的感情,许广平是有着较为公正的看法的,她欣赏两人的率直与天真,他们的勇气。她这样总结萧红与萧军之间的感情事件:

> 也就是萧红先生遭遇困厄最惨痛的时候,这时意外地遇到刘军先生,也是一位豪爽热情的青年,可以想象得出,这就是他们新生活的开始。他们在患难中相遇。这一段掌故是值得歌诵的,直至最后。她(他)们虽然彼此分离,但两方都从没有一句不满的话,作为向对手翻脸的理由。据我所听到,是值得提起的。

萧红去世后,许广平在回忆文章中表达了无限的惋惜,她回想起萧红在鲁迅去世时对她的关心,对于萧红的好意和诚意,许广平在萧红去世后的回忆文章中有如下无尽的感叹:

> 鲁迅先生逝世后,萧红女士想到叫人设法安慰我,但是她死了,我向什么地方去安慰呢? 不但没法去安慰,连这一封值得纪念的信也毁了,因为我不敢存留任何人的信。
>
> 战争的火焰烧蚀了无数有作为的人,萧红女士也是其中之一个。当我刚刚跳出监狱的虎口,相信活下来的时候,到家里不几天意外地收到端木蕻良先生的简单噩耗,大意说,萧红女士于某月日死了,葬于香港某花园的某处,并且叫我托内山完造先生设法保护。末了又说,他预备离去,但到什么地方还不大能够决定。
>
> 更其对不住端木蕻良先生的是,我并没有把他的意思转向内山先生请求。因为我觉得萧红女士和上海初次见面的礼物是《生死场》,她是东北作家,而又是抗日分子,想来内山先生不会不清楚的。请他"保护",也许非其权力所及。或者能设法了,也与他不便。在我这方面也不甘于为此乞求他援助,我把这句话吞没了,直至现在才公开出来,算是自承不忠于友。
>
> 自责两句不就算完了良心的呵谴。我不知道萧红女士在香

港埋葬的地方有没有变动,我也没法子去看望一下。我们往来见面了差不多三四年,她死了到现在也差不多三四年了,不能相辅,却能相成,在世界上少了一个友朋,在我的生命的记录簿上就多加几页黑纸。

许广平的追悼文字,平实,朴素,没有过多的渲染,只是细述了关于萧红去世后的几件事情,这些叙述中充满了她对萧红的了解,非常中肯地评价了萧红的成就和她的价值,也表达着对故友的缅怀与哀伤。在许广平的眼中,萧红既是一个能干的利落的主妇,也是一个极有才华的女作家;她有时是敏感脆弱的,然而有时也是英武的,有着不亚于男子的勇气和抱负。这样的萧红,是多面和立体的。

你要向上飞，飞得越高越好！

——萧红与聂绀弩

聂绀弩 1903 年出生于湖北京山县城关镇，在读高小时就以作文闻名，同学们戏赠"聂贤人"这一雅号。高小毕业后，因家贫失学在家，但他仍攻读不辍，并将自己的习作寄到汉口的《大晚报》，且时有发表。

1920 年，在上海国民党总部工作的孙铁人在《大晚报》上读到昔日学生聂绀弩的诗作，大为惊异，马上致信报社总编、好友胡石庵，称道聂绀弩的文才，并希望能得到好友的提携，不致使其埋没乡间，他力邀聂绀弩去上海。1921 年，聂绀弩考入上海高等英文学校，他勤奋刻苦，学业优秀，后参加国民党，到福建泉州国民革命军"东路讨贼军"前敌总指挥部任文书。1926 年初，聂绀弩受国民党派遣入苏联莫斯科中山大学，次年作为国民党员被遣送回国。

"九·一八"事变后，他因积极宣传抗日，被迫逃亡日本，在日本被关进监狱几个月后被驱逐出境。聂绀弩 1932 年在东京时由胡风推荐加入了左联，1933 年 7 月，他回到上海，立即加入左联，1934 年在上海加入中国共产党。加入左联，同时与胡风关系密切的聂绀弩自然走进了胡风熟悉并尊敬的鲁迅圈子。同时聂绀弩在上海担任《中华日报》副刊《动向》的编辑，同时拉了叶紫做助理编辑，时常约左翼作家写稿，将《动向》变成了左联的机关刊物。但后来随着书报检查制度的严格，尤其是《申报》史良被抓后，实际经营的主办人怕受牵连,副刊停刊。《动向》停刊后,中共安排聂绀弩到四川做情报工作,临行前,请胡风作陪为他饯行。

聂绀弩对女性问题尤为关注,他在多篇文章中谈论女性问题。在《母性与女权》一文中他说:"母性是伟大的,但不能用作反对女权的理由。"为反驳当时主张女性的位置是在家中的论调,他在《女权论辩》题记篇中强调:"妇女们自身努力,表现出力量来,男子们为妇女的人权而努力,一起以实干回答另一部分人的实干,较之印书或写文章,则尤其重要。"因之,他对萧红的感情纠葛,萧红情境所折射的女性问题,不仅有着出自理性的现代女性观立场,也有着作为友人的情感理解。

1934 年 12 月某天,因在鲁迅主编的《译文》中发表了作品,孟十还在聂绀弩的建议下,准备宴请鲁迅,以表达谢意。宴请地点是上海广西路"梁园"豫菜馆。除鲁迅一家外,还邀请了聂绀弩和周颖,胡风和梅志,萧军和萧红,黄源夫妇,叶紫等客人赴宴作陪,大家都陆续到齐了,唯独平时极守时的鲁迅还没来,人们边闲谈,边等着,忽然,听见楼下有吵嚷声。听楼下喧嚷,几人赶紧到楼口看,果然是鲁迅带着小海婴来了。几人马上把父子俩迎上

聂绀弩

楼。那次在"梁园"的宴会可谓一次文坛荟萃,那些参加过的老作家,至今仍怀念不已。

这应当是萧红与聂绀弩的第一次见面,虽说是第一次见面,但作为与鲁迅文学圈的伙伴,他们有相似的文学趣味,熟悉感和信任感是

很容易发展起来的。且行事谨慎的鲁迅也是出于使"二萧"能认识更多文坛的朋友，使他们尽快融入上海生活，对于会面的安排鲁迅是有着细致的考量的。这个或受鲁迅文学思想及风格影响，或与鲁迅有着密切交往的文坛友人组成的圈子，他们彼此间个性的亲和度与文风的传承性都使得鲁迅成为这个圈子的凝聚力，形成了这个圈子较为稳固的团结力。他们比较熟悉和关系较为密切的时候应是在编辑《海燕》杂志时期。在鲁迅先生的倡议和全力支持下，他们编辑了《海燕》，编者是鲁迅、胡风、吴奚如、萧军、萧红。《海燕》一应杂务如校对、排版等等都由聂绀弩担任，对外宣称聂绀弩是主编。《海燕》1935 年创刊，只出了两期后就停刊了。作为鲁迅圈子的左翼文人，他们由于要处理共同的编辑事务，日常的过从和交往并不会太少，这些都有助于他们彼此的了解和熟悉。

聂绀弩曾对萧红说："萧红，你会成为一个了不起的散文家，鲁迅说过，你比谁都更有前途。"

聂绀弩在晚年回忆中谈到他与萧红比较熟悉的时期是 1938 年，那时"二萧"与聂绀弩、端木蕻良和田间均刚刚到达临汾，准备参加薄一波主办的山西民族革命大学。恰逢此时，丁玲带领西北战地服务团来到临汾，故一时非常热闹。然而随着临汾面临危险，他们又随着西北战地服务团到了西安，之后聂绀弩与萧军等随丁玲到了延安，而萧红则与端木回了武汉。聂绀弩后来从延安返回武汉，在武汉时与萧红见过一面，这是萧红和聂绀弩的最后一次会面。聂绀弩在 1946 年的回忆文章中非常仔细地记述了"二萧"当时的感情问题以及萧红 1938 年的情变过程。

聂绀弩 1946 年 1 月 20 日在重庆《新华日报》发表一篇怀念萧红的文章。他抒情地写道：

> 飞吧，萧红，你要像一只大鹏金翅鸟，飞得高，飞得远，在天空翱翔，自在，谁也捉不住你。你不是人间笼子里的食客，而且，你已经飞过了。

在文中,聂绀弩描画了萧红曾经的身影,这些描画来自他对萧红的了解。聂绀弩描画了一幅萧红决绝地寻找自己的成长之路的图景:

当你在黄昏的雪的市街上,缩瑟地走着的时候,你的弟弟跟在后面喊:

"姊姊,回去吧,这外面多么冷呵!"

"哦,你别送我了!"你说。

"是回去的时候了,家里人都在盼望你的音讯咧!"

"弟弟,你的学校要关门了!"

在西安时,萧红与聂绀弩谈过一次话,聂绀弩勉励萧红——

不管弟弟,不管家人,你飞过了。今天,你还要飞,飞得更高、更远……

而萧红则哀哀地说:"你知道么? 我是个女性。女性的天空是低的,羽翼是稀薄的,而身边的累赘又是笨重的! 而且多么讨厌呵,女性有着过多的自我牺牲精神。这不是勇敢,倒是怯懦,是在长期的无助的牺牲状态中养成的自我牺牲的惰性。我知道;可我还是免不了想:我算什么呢? 屈辱算什么呢? 灾难算什么呢? 甚至死算什么呢? 我不明白。我究竟是一个人还是两个,是这样想的是我呢,还是那样想的是我。不错,我要飞,但同时觉得……我会掉下来。"

在这段对话中,萧红对自己决绝的成长之路的感受是复杂的:她对自己的个性有着非常清醒的认识,她是一个矛盾体,一方面她希望高飞,但同时她也认识到自己身上有着长久以来男性文化传统浸渍下的女性隐忍牺牲的精神。她在这两种情绪中挣扎,与萧军的分手是她希望改变隐忍与牺牲的尝试和企图,但与曾经拯救她于危难且患难与共的昔日的恩爱丈夫的分手对她自身而言也是痛苦的。

萧红对聂绀弩谈起了与萧军的感情,非常真实地说明了两人之间存在的问题——

朦胧的月色布满着西安的正北路,萧红穿着酱色的旧棉袄,外披黑色小外套,毡帽歪在一边,夜风吹动帽外的长发。她一面走,一面说,一面用手里的小竹棍儿敲那路边的电线杆子和街树。她心里不宁静,说话似乎心不在焉的样子;走路也一跳一跳的。脸白得跟月色一样。她对我讲了许多话。

她说:"我爱萧军,今天还爱。他是个优秀的小说家,在思想上是同志,又一同在患难中挣扎过来的!可是做他的妻子却太痛苦了!

我不知你们男子为什么那样大的脾气,为什么要拿自己的妻子做出气包,为什么要对妻子不忠实!忍受屈辱,已经太久了……"

接着又谈一些和萧军共同生活的一些实况,谈萧军在上海和别人恋爱的经过……这些,我虽一鳞片爪地早有所闻,却没有问过他们。今天她谈起,在我,还大半是新闻。

在临汾"二萧"分手的时候,聂绀弩并不知晓二人的谈话以及他们关于未来的打算和决定。在聂绀弩看来,他们表面上似乎都把这次分手当作一种暂别。同行的人原本打算到运城去玩玩,由于萧军的兴致不高,于是他们留在了临汾。

在某个夜晚,萧军送聂绀弩、萧红、丁玲、塞克、D.M 到车站,快开车的时候,萧军和聂绀弩单独在月台上踱了好一会儿,聂绀弩详细记述了这次临别谈话——

"时局紧张得很。"萧军说,"临汾是守不住的,你们这回一去,大慨不会回来了。索兴就跟丁玲一道过河去吧!这学校(民大)太乱七八糟了,值不得留恋。"

"那么你呢?"

"我不要紧,我的身体比你们好。苦也吃得,仗也打得。我要到五台去,但是不要告诉萧红。"

"那么萧红呢?"

"哦,萧红和你最好。你要照顾她,她在处世方面,简直什么也不懂,很容易吃亏上当的。"

"以后你们……"

"她单纯、淳厚、倔强,有才能,我爱她。但她不是妻子,尤其不是我的!"

"你们要……"

"别大惊小怪!我说过,我爱她;就是说我可以迁就。不过这是痛苦的。她也会痛苦,但是如果她不先说和我分手。我们还永远是夫妇,我决不先抛弃她!"

听了萧军的话后,聂绀弩为之怅然良久。从他内心而言,至少是希望他们的生活美满。起初他还以为只是萧军蓄有离意,而不久后他与萧红之间的谈话,听到萧红向他倾诉她的屈辱,才知道她也跟萧军一样有分手之意。临汾之别,虽然他们都并未在众多友人面前公开表示分手,但对于事件中的两人大概彼此都明白分别可能是永久的了。

对于并不喜欢向别人倾诉自己情感私事的萧红来说,向聂绀弩倾诉自己的情感困扰和苦恼,说明两人关系密切,也表明萧红对聂绀弩的信任。在萧红周围的友人中,即使是萧红时常造访的许广平,虽然萧红对鲁迅、许广平一家的日常生活的熟悉度远远高于他人,她与许广平之间也有着深厚的女性情谊,彼此之间对对方的生存状况深为了解,但从两人的回忆文章中却没有关于萧红向许广平倾诉情感苦恼的记述,仅表明许广平在某个时期观察到萧红情绪的悲哀与苦恼状态。

至于萧红在情感上倾向于端木蕻良,将那个象征性的小竹棍给了端木,萧红对两人相恋这件事情模棱两可的态度,从聂绀弩这个旁观者或见证人可以得到说明。

聂绀弩详细叙述了小竹棍事件和萧红情变的过程——

我们在马路上来回地走,随意地谈,她说得多,我说得少。

最后,她说:"我有一件事要拜托你!"

随即举起手里的小竹棍儿给我看:"这,你以为好玩么?"那是一根两尺多长,二十几节的软棍儿,只有小指头那么粗。她说过,是在杭州买的,带着已经一两年了。"今天,D.M要我送给他,我答应明天再讲。明天,我打算放在箱子里,却对他说是送给你了,如果他问起,你就承认有这回事行么?"

我不假思索地答应了她。我知道她是讨厌 D.M 的,她常说他是胆小鬼,势利鬼,马屁鬼,一天到晚在那装腔作势的。

萧红在西安(1938 年)

可是马上想到,这几天,D.M 似乎没有放松每个接近她的机会,莫非他在向她进攻么? 我想起萧军的嘱托。我说:"飞吧,萧红,记得爱罗先珂童话里的几句话么? 不要住下看。下面是奴隶的死所! ……"

她的答话,似乎没有完全懂得我的意思。当然,也许是我没有完全懂得她的意思。

聂绀弩等人在西安等待的日子,由于每日无事可做,也颇觉无聊。这时日寇占领了风陵渡,随时有渡过黄河的可能,并经常隔河用炮轰潼关,陇海路的交通断绝了,形势变得更加危急。在这种条件下,他们根本没有机会返回武汉。这时候,丁玲约聂绀弩跟她一起到延安去一趟。呆在西安也整日无事,聂绀弩答应丁玲的请求。于是之后连续几天他和丁玲忙于接洽去延安如何搭车的事情,因而已没有机会与萧红谈什么。

临行的前一天傍晚，聂绀弩在马路上碰见萧红。

"你吃过晚饭没有？"她问。"没有。正想去吃。你呢？"

"我吃过了。但是我请你。"

"那又何必呢？"

"我要请你，今晚，我一定要请你！"

进饭馆后，她替我要两样菜，都是我爱吃的，并且要了酒。

她不吃，也不喝，隔着桌子望着我。

"萧红，一同到延安去吧！"

"我不想去。"

"为什么？说不定会在那里碰见萧军。"

"不会的。他的性格不会去，我猜他到别的什么地方打游击去了。"

吃饭的时候，我没有说话，她也不说话，只默默地望着，目不转睛地望着，好像窥伺她的久别了的兄弟姊妹是不是还是和旧时一样健饭似的，在我的记忆里，这是她最后一次和我只有两人坐在馆子里，最后一次含情地望着我。我记得清清楚楚，好像她现在还那样望着我似的。我吃了满满的三碗饭。

"要是我有事情对不住你，你肯原谅我么？"出了馆子后，她说。

"你怎么会有事对不住我呢？"

"我是说你肯么？"

"没有你的事我不肯原谅的。"

"那小竹棍儿的事。D.M 没有问你吧？"

"没有。"

"刚才，我已经送给他了！"

"怎么，送给他了！"我感到一个不好的预兆，"你没有说已先送给我了么？"

"说过，他坏，他晓得我说谎。"

沉默了一会儿，我说："那小棍儿只是一根小棍儿，它不象征着旁的什么吧？"

"你想到哪里去了？"她把头望着别处，"早告诉过你，我怎样讨厌谁？"

"你说过，你有自我牺牲精神！"

"怎么谈得上呢？那是在谈萧军的时候。"

"萧军说你没有处世经验。"

"在要紧的事上，我有！"

但是那声音在发颤。

"萧红，你是《生死场》的作者，你是《商市街》的作者。你要想到自己的文学上的地位，你要向上飞，飞得越高越远越好……"

第二天启行，在人丛中，我向萧红做着飞的姿势，又用手指天空，她会心地笑着点头。

半个月后，聂绀弩和丁玲从延安返回西安，当中多了一个萧军。萧军是在去五台山中途折到延安，与他们相遇的。他们一到××女中（我们的住处）的院子里，就有丁玲的团员喊："主任回来了？"萧红与D.M一同从丁玲的房里出来，看见萧军，两人都愣住了。据聂绀弩的观察，在这个尴尬的片刻，D.M忙赶来和萧军拥抱，但神色中透着恐惧、惭愧。好像有着"啊，这一下可糟了"等复杂的意义。聂绀弩刚走进自己的房间，D.M连忙赶过来，殷勤地拿起刷子为他刷去衣服上的尘土。他低着头说："辛苦了！"但聂绀弩分明感到背后的潜台词是："如果闹什么事，你要帮帮忙！"

在这个场景中，聂绀弩意识到事件已接近尾声。他感叹地写道：

我知道。比看见一切还要清楚地知道：那大鹏金翅鸟，被她的自我牺牲精神所累，从天空，一个筋斗，栽到"奴隶的死所"上了！

在钟耀群的《端木与萧红》一书中,对小竹棍事件的记述,有所不同。她所转述的端木蕻良的说法则是:由于萧红用自己的小竹棍把端木自制的木棍打断了,端木开玩笑说要萧红赔他,把她的竹棍给他。而当时在场的聂绀弩则说萧红已经答应给他了。在这种尴尬情形下,萧红提议她把小竹棍藏起来,第二天一早让二人去她房间寻找,谁先找到就归谁。但萧红事先特意告诉端木竹棍的藏处,以便端木第二天能够顺利拿到。

从小竹棍这一小事件中,我们可以微妙地看出,萧红对端木蕻良的态度是非常模棱两可的。她把小竹棍给了端木蕻良,似乎表明她已经在心理上选择了端木蕻良;而在对周围朋友的解释中,她又附和着他们对端木厌恶的态度。或许因为她深知周围朋友对端木的看法,她无意解释,而采取这种掩饰的方式。而她对聂绀弩更早说起关于小竹棍之事的嘱托,却在事实上把小竹棍给了端木蕻良,两面不同的态度或许是萧红试图既保持对友人的理解,又想确认自己的选择的态度。送小竹棍的细节迄今究竟如何或许是个无法解开的谜,但无论出自何人的何种说法,明显的结果是,萧红将小竹棍主动留给了端木。这样,在西安萧军、聂绀弩、丁玲等返回时,萧红向众人公开了两人的关系,并且她还告诫萧军要尊重端木蕻良。萧红在这时表现出的勇武和决断表明了她对端木的认同,而在聂绀弩看来,萧红急于作出选择似乎是因为她与萧军的情感空缺急需填补,因而仓促地选择了连她自己也并不喜欢的端木。

从当时萧红要求萧军对端木尊重的告诫,以及由于她与端木走到一起的结果,她受到梅林、舒群等人的批评。此时的萧红明显感到这些友情的疏远,这些更倾向于同情萧军的友情封锁,令萧红感到非常失望。但她依然坚持自己的态度,从她回应的立场来看,萧红当时与端木蕻良是有着真诚的情感的,只是由于周围的友人对端木的排斥,在某种程度上萧红似乎为了迎合周围的朋友而掩饰了自己的态度。香港时期病中的萧红在回忆中,失望的论调似对这段初与端木蕲良密切交往的经历加进了两人日后感情生活并不和谐的事后判断。

从聂绀弩的回忆文章来看，其细腻具体的细节记录和情真意切的语调，读者从中不难看出当时两人关系的密切，作为萧红感情经历转折时刻的见证者，他或许更能理解萧红在感情经历中的不幸与萧红自身性格的弱点，因之他对萧红情感多舛的短暂一生颇为同情和关切。

20世纪80年代，晚年的聂绀弩在他的另一篇回忆文章中，重点记述了他与萧红关于创作的谈话。但在对他与萧红关系的陈述中，聂绀弩则表示，他与萧红之间相识和相处的时间实际上非常短暂，并特别强调他与萧红见面较多的时间统共不过一个月的光景，因此对于萧红，实际上他是知道得很少的。

但这种说法显然与他在萧红逝去不久后写作的文章中表现的情感基调不同，有着明显的态度变化。实际上，"二萧"到达上海后，在鲁迅的安排下，他们就已经结识了聂绀弩。虽说当时固然没有如后来抗战期间来往密切，但显然，他们这些文学青年有日常的聚会，也有事务的聚会，尤其围绕在领袖人物鲁迅的周围，共同的文学志趣及文学活动无疑是易于拉近他们相互熟悉和理解的程度的。

从这种相识到抗战时期的密切相处，聂绀弩作为战时流亡途中萧红情变的见证人，作为萧红情感困惑的倾听对象，这些都毫无疑问地说明了他们之间友谊的真诚与相互信任的程度。至于聂绀弩为什么在晚年以相对淡漠的态度解释他们之间曾经的熟悉及友谊，或许与萧红死后不断成为热点话题，相关经历人竭力解释和说明他们与萧红关系有很大关系。作为当事人，他并不愿意借助萧红的声名博取关注，从这个角度来看，聂绀弩的淡漠倒表现出了清醒的知识分子精神，远离喧嚣与纷扰的可贵姿态。

一个真实的同伴

——萧红与丁玲

丁玲(1931年)

丁玲,现当代文坛上令人瞩目的女作家。从20世纪20年代《莎菲女士的日记》的大胆,30年代初《水》所标志的无产阶级文学的诞生,抗战时《我在霞村的时候》的启蒙语调,40年代《太阳照在桑干河上》作为解放区文学实践的意义,从走上文坛后,她就一直作为一个重要的文坛热点人物,以时代潮流女作家的姿态不断受到各派的关注,这样的丁玲与萧红的人生会有怎样的交集?

1904年10月,丁玲出生于湖南临澧县一个蒋姓乡村,原名蒋冰之。父亲蒋浴岚曾留学日本,学习法政。丁玲出生时,这个曾经富有的乡绅家庭走向没落,父亲沾染了吸食鸦片的恶习,三十出头便离开人世,母亲余曼贞带着两个幼子寄居到了外婆家。

母亲余曼贞堪称当时的时代女性,她并没又因为家庭变故而消沉下去。她冲破重重阻力,进入常德女子师范速成班学习。1912年由于女师停办,余曼贞又和向警予等人一起赴省立第一女子师范学校攻读。1913 年春天,因为家庭经济困难,她放弃学业到桃源教书,后曾在常德县立育德女校担任管理员,并开始致力于妇女解放运动。1919 年秋季,她和好友蒋毅仁、余子敏、李德全(冯玉祥之妻)等一起创办"妇女俭德会",提倡妇女不敬神、不缠足、不梳粑粑头。同年,辞去育德女校的高薪聘请,创办常德县私立文艺女校,自任校长。第二年,又成立"女子工读互助团",又名"平民工读女校"。她既是校长,又是教员,致力于女性教育事业。1922 年 6 月,被选为"社会主义青年团常德地方执行委员会"妇女运动委员会委员长,她发起成立"常德女界联合会",后更名"天足会",喊出"还我天足"的口号,公开反对妇女缠足。这样一个时代女性,对丁玲言传身教的意义不可低估,丁玲成长过程中女性自主意识的形成离不开母亲的教导和影响。

1918 年,丁玲考入桃园县第二女子师范预科。在桃园女子师范时,在国文教员陈启民的启发下,丁玲开始阅读《新青年》等新文化刊物,受到新思潮的影响。1922 年秋,丁玲与王剑虹到达上海,入上海平民女子学校读书,后来两人离开平民女校,结伴去了南京。

1923 年,瞿秋白回国,丁玲与王剑虹在南京因施存统的关系结识了瞿秋白,此时的瞿秋白为上海大学社会系主任。在瞿秋白的建议下,同年夏,丁玲和王剑虹回到上海,进入上海大学,在文学系旁听。后王剑虹与瞿秋白相恋,患肺病的王剑虹去世后,丁玲告别了伤心之地上海,来到北平。这时她与一些朋友住在辟才胡同的补习学校里,她学习过绘画,投考美术学校未果,一起学画的左恭带丁玲认识了胡也频,经胡也频的介绍她又认识了同乡沈从文。这时胡也频对丁玲产生了的强烈的爱情,但此时丁玲为前途的迷茫和弟弟的夭折而痛苦,并没有为之所动,不久她离开了北平,回到湖南老家。陷入爱情的胡也频则追随丁玲的踪迹到了湖南,丁玲终被胡也频的痴情所打动,与之一起回到了上海,两人从此相爱。在两人同居的小日子里，丁玲不安分的心渴望更多的冒险，她不甘于在家里做一个小主妇，她尝试去应聘女演员，但在现实尝试后也作罢。在胡也频和沈从文的建议下开始涉足写作，以《莎菲女士的日记》一鸣惊人。1931年，胡也频被捕，2月，作为"左联五烈士"之一献出了年轻的生命。丁玲在悲痛中完成了迅速的左转，开始了她的左翼文学创作生涯，她在党组织的安排下负责左翼文学刊物《北斗》的编辑工作，担任过左联党团书记，一·二八事变后加入中国共产党。1933年5月，丁玲被捕，1933—1936年被软禁在南京。丁玲经历了黑色的绝望时期，但她以自我的顽强和坚韧度过了这个艰难时期。1936年出狱后转道去延安，1937年2月到达延安后，受到了热烈的欢迎，毛泽东挥毫写下"昨日文小姐，今日武状元"的题词赠与丁玲。在延安，丁玲于1937年下半年爱上了比她小13岁的青年军官陈明。抗战爆发，丁玲率领"西北战地服务团"辗转迁徙。1942年，丁玲与陈明两人冲破重重阻力正式结婚。

　　从这些经历中我们可以看出丁玲的性格特点。丁玲的幼年时代有一个开明宽容且追求女性自主独立道路的母亲，母亲一直积极鼓励丁玲读书、自立，并在她生命中的每一个重要节点，都给予女儿精神上的鼓励和实际的支持。在这样的家庭氛围中成长的丁玲，具有积极主动的行动能力，这种积极主动投入社会生活与感情体验的态度使丁玲具有一种勇武和豪迈的个性气质。这种更类似于男性气质的性格特征使丁玲以顽强的意志和承受力应对人生的困境。在这一点上，拿萧红与丁玲比较，丁玲坚强与豪放的个性都不是萧红个性所拥有的，如果说丁玲更趋向于男性主动与积极的性格，而萧红则相反，她更趋向于被动与消极。这样的两位女性作家，看似性格反差极大，但毋宁说萧红是丁玲豪放气质背后的另一个自我。她们因为一面之交成为朋友，她们对现代女性生存困境的体验和感受，无疑有着更多可以相互交流和理解的基础，正是这些拉近了她们的距离。

　　1938年1月，萧红、萧军、田间、塞克、端木蕻良和聂绀弩从武汉到了临汾。他们是应李公朴之约，准备去民族革命大学教书的。

与丁玲会面时的萧红，当时正处于在萧军和端木蕻良之间进行选择的最后阶段。萧红日后在对骆宾基的叙述（《萧红小传》）中曾经谈及与丁玲的见面，她说："丁玲有些英雄的气魄，然而她那笑，那明朗的眼睛，仍然是一个属于女性的柔和。"英武豪爽的丁玲以她的气质一开始就吸引了萧红，但细腻的萧红在看似男性化的丁玲身上感受到了她身上女性的柔和，又或者萧红在自己经历的困厄与感情的曲折中，感怀于她心理上的负荷，她何尝不希望成为如丁玲这样可以主动应对世界的女子。在萧红的回忆中，她与丁玲的会面，一开始她们就融洽得将心魂拥结在一起了。丁玲的细心与体贴也使萧红尤为感激，丁玲似乎敏感地意识到了"二萧"与端木蕻良之间的微妙关系，发现了萧红与端木之间的感情迹象，因此出于对萧红的理解，丁玲逐渐对端木表示友谊的关注，同时对萧军也表示了真诚的爱护。丁玲对萧红感情的尊重与"二萧"周围的朋友，尤其是男性朋友对萧红态度的变化是截然不同的。初见萧红的丁玲能表现出这样细微的关心，也是使二人一见如故的原因。二人之间的亲切友情，以及对彼此的欣赏之情，作为一段还没有更多机会发展的女性情谊，则是动人的。

在骆宾基的《萧红小传》中记录了这一时期萧红情变时丁玲对她的理解。

　　一个初春的晚上，车站里还有些寒冷，萧红、丁玲、T（端木）、塞克和绀弩都要乘这班夜车离开临汾。萧军是来送行的，他单独和绀弩在月台上踱着步子。

此时的萧红与端木走到了一起，在萧红的很多同行者均表现出对端木反感的情况下，丁玲对萧红的尊重无疑给予萧红友谊的温暖。丁玲作为一个旁观者，几乎见证了萧红选择的过程，但丁玲对萧红的私生活持尊重和理解的态度，在几年后的回忆中萧红依旧记得这个细节，可见这一细节对萧红的触动之深。

丁玲和王剑虹

从创作经历来看,丁玲和萧红均是文坛享誉声名的女作家,她们以自己的作品在文坛上树立了自己的地位。这样出色的两位女性,对男权中心的社会与文化环境都有着更为切身的感受。丁玲走上新文学文坛,即以其鲜明的女性意识奠定了她在新文坛的地位,以大胆地表现女性的潜意识心理,以女性意识鲜明的文学书写质疑男性中心的文化传统和社会环境。丁玲的写作从一开始就表露出她鲜明的女性独立意识,这也是丁玲在她的生活体验中、社会经验和经历中始终坚持的立场。

在这样的环境中,丁玲锻造了顽强的性格,丁玲在感情世界中的积极主动的态度也不同于萧红被动地等待和忍耐的态度。而萧红的作品则由于自身的境遇,书写着生命的痛苦、男权文化下女性被动不幸的命运和底层苦难与无奈的生存,萧红的文章是哀感的,萧红在写作上无疑也是投入的、富有成绩的。萧红在写作事业上的追求并不同于在个人感情世界的被动与柔弱,在感情上柔弱敏感的萧红由于自身境遇的纠结,在感情期待上更期望寻找到一个可以期望的依靠。虽然萧红与丁玲在个性气质上截然不同,但她们同为出色的女性作家,在男性主宰的文坛占据一定席位的她们,对于现实世界何尝没有共同的体验和感受,这可以说是萧红和丁玲彼此互相熟悉的一个原因。

丁玲早年曾有一个知心的女性蜜友王剑虹，王曾与瞿秋白热恋，后患肺病死去。萧红也是一个身体虚弱、身染肺病的女性朋友，萧红的柔弱与敏感和王剑虹格外相似。萧红与王剑虹在气质上的这种相似性，是否触动了丁玲对萧红格外的关注与同情？两人能够一见如故，笔者认为或许萧红的这种气质带给丁玲的熟悉感很可能也是她们能够初次会面，即能打开心扉交流的某种原因吧。

从丁玲自身的成长经历来说，她从一个稚嫩的青年女学生成长为勇于介入社会活动的左翼女作家，她经历了丈夫的死难，也度过了被当局囚禁的艰难时期，这些经历使她成长为一个顽强的女性，这个锻造的过程无疑是对稚嫩与单纯的过去的自我的告别。投身于社会活动，性格日益男性化的丁玲，遇到柔弱敏感的萧红，在某种程度上，或许萧红也让她联想到了涉世之初的自己。

在临汾萧红和丁玲第一次见面了，这是一个珍贵的相遇。通过丁玲的回忆文章里，我们可以想象这两个同时代而写作风格不同的女作家的初见场景。

与萧红相见时的丁玲，正率领着西北战地服务团辗转迁徙，这时的丁玲已经是一个经历丰富并在延安边区受到高度礼遇的左翼知名作家。战时战地服务团的准军事生活方式更是锻造了丁玲豪放的气质。在半军事生活环境中已习惯于粗犷生活的丁玲，骤然面对着一个脸色苍白、步法敏捷、笑声敏感似神经质的萧红，明显受到了触动。萧红外在表现出的柔弱女性气质与丁玲构成了巨大反差，萧红并无丁玲那样丰富的社会经验和阅历，萧红的圈子并没有超出文艺圈，而且萧红走入文艺圈，前有萧军对他的鼓励和帮助，后有鲁迅的提携和资助，她始终无须单打独斗地面对社会，求得生存。这样的生活经历也在某种程度上对萧红产生了消极影响，造成了她心理上的依赖感。显然，这样一个看起来苍白柔弱、更富有女性哀婉气质的萧红，使丁玲觉得很特别，这种特别唤起了丁玲很多回忆。

初见萧红的丁玲觉得敏感神经质的萧红说话却很自然直率，她当时奇怪于作为一个作家的萧红为什么这样少于世故。事实上,性格偏于脆弱敏感的萧红在某些时候也是颇为豪爽的,绿川英子的回忆记述萧红与友人愉快相处时豪爽气质的显露,绿川描述了她与友人畅快喝酒,抽烟,引吭高歌,高声谈笑的豪爽情态;在战时的武汉,友人回忆萧红与友人在一起时表露出东北女性豪放的气质。在许广平的回忆中,也有描述萧红心情愉悦时东北女性的豪爽姿态的记录。这些记述真实反映了萧红气质中豪爽的一面,可以假设,如果萧红的感情境遇是和谐的,生活境遇是平顺的,或许她气质中豪爽的那一面能得到更多的展露。

对于萧红与丁玲这种相互欣赏的亲切感,丁玲在《风雨中忆萧红》中这样分析道:"大概女人都容易保有纯洁和幻想,或者也就同时显得有些稚嫩和柔弱的缘故吧!"她们见面感到彼此很亲切,一见如故,她们在一起尽情唱歌,她们互相倾诉,每晚谈到深夜才睡。虽然两人在思想、情感和性情上有差异,但彼此都理解对方,丁玲尊重萧红感情的复杂性。

萧红去世,令丁玲感到十分懊悔,她后悔没能与萧红谈谈自己,她们虽然谈到了彼此的精神,但却很少谈及私人的感情,丁玲显然懊悔于没能在萧红的私人感情中给予她建议,或许一个女性朋友的建议可能使萧红能从情感纠葛的哀感中得以解脱。

丁玲回忆说:"我们在西安住完了一个春天,我们也痛炊过,我们也同度过风雨之夕,我们也互相倾诉。然而现在想来,我们谈的是如何的少呵!……那时候很希望她去延安……但萧红都南去了,至今我还后悔那时我对她生活方式所参预的意见太少了……"

当然这只是丁玲的个人想法,一个失去了精神上相通的友人的痛悔与失落。萧红的孤独感,病中的苦闷和哀伤,并非通过一个友人的宽慰就可释放和解脱的。这将取决于她身边是否有一个亲密的爱人,感情上能够给予她足够的关心和体贴,精神上尊重她的独立人格,在精神心理上给予她足够的安全感。但纵观萧红之后的经历,显

萧红与丁玲(1938年)

然她在自己有限的生命中始终没有这种幸运。

　　萧红去世后,这一消息经人口传,她在内地的朋友逐渐得知这一消息。4月初,消息传到延安。4月8日,《解放日报》发表了萧红去世这一消息。4月25日,丁玲写作了《风雨中忆萧红》并在《谷雨》上发表。文章回忆了她与萧红短暂的相识与交往经历。5月1日,丁玲主持了延安的萧红追悼会,萧红在延安的朋友大部分出席。

　　丁玲与萧红之间的情谊,是一段刚刚绽放的友谊之花。她们彼此欣赏,但这段友谊刚刚开始,流离的生活与变换的时空已使她们没有再度相遇的机会,友谊的花朵没有时间和空间继续发展走向深入。但这段开始的友谊,却给她们彼此都留下了难忘与美好的回忆。

我觉得她很坦率真诚

——萧红与胡风、梅志夫妇

胡风，20世纪30年代左翼文坛的文艺理论家，与鲁迅有着深厚的关系。在"二萧"与鲁迅建立书信联系后，尤其当"二萧"去上海投奔自己的导师之后，"二萧"进入鲁迅圈子，不仅收获了这个圈子的文学战友，而且获得了诸多友爱关怀。"二萧"到了上海之后，鲁迅也特意为"二萧"安排聚会，使他们熟悉上海的生活，在友人的关怀和帮助下，开启新的里程。萧红与胡风的关系也正是由此开始的。

在未见到"二萧"之前，胡风就已经听鲁迅介绍过他们的情况，鲁迅还交待胡风去了解他们的情况，以确认二人所说是否属实。这种建立在了解和共同文学兴趣基础上的友谊无疑是可以信赖的。1934年12月，鲁迅在梁园菜馆设宴欢迎"二萧"，同时也借此机会为胡风孩子的生日庆祝，但当天胡风却由于未接到信件而误了见面。

胡风的耿直和坦率的性格与"二萧"的直率有异曲同工之处，这种性格的相似性是他们未来友谊的基础。1935年初，"二萧"终于与胡风见面了。初次见面，双方都感到很可亲，尤其是萧红，她的坦率和真诚令胡风感到非常难得，当时的萧红还未脱学生气，头上扎两条小辫，穿着非常朴素，脚上还穿着球鞋。稚气的萧红全然与上海滩上装腔作势的姑娘有着截然不同的气质，因此，双方初次见面，几乎就一见如故了。

之后萧红把她的小说《生死场》的原稿给胡风看了，并告诉胡风还没有想好名字,希望胡风能为她的小说写序。胡风谢辞了,建议"二萧"仍请鲁迅先生写序。后来鲁迅在与胡风闲谈时,依旧建议胡风给萧红的小说写序,因为他已经决定给萧军的《八月的乡村》写序,鲁迅表示他给"二萧"同时写序并不太好,于是胡风答应为《生死场》写一篇读后记。

当胡风阅读了萧红的《生死场》后,他惊诧于看起来稚嫩的萧红竟写出如此富有厚重生活质感的文章。萧红对人物的敏锐感觉,用字的大胆和特殊的风格,使胡风深为赞赏。他顿时觉得,这是一个有着发光的才华的未来女作家。虽然如此,胡风也非常客观地对萧红小说技法上存在的不足提出了中肯的意见和建议。这对萧红的鼓励无疑是意义重大的。

萧红后来写了许多短篇小说和散文,胡风明显感到萧红在文字修辞和人物塑造上有了很大的进步,有些文章实在令胡风禁不住为萧红叫好。胡风常常夸奖萧红,甚至他在萧军面前也毫不避讳,他当面坦率地对萧军说:"她在创作才能上可比你高,她写的人物是从生活中提炼出来的,活生生的,不管是悲是喜都能使我们产生共鸣,好像我们都很熟悉似的。而你可能写得比她深刻,但常常是没有她的动人。你是以用功和刻苦,达到艺术的高度,而她可是凭个人感受和天才在创作。"无疑,胡风的评价是非常准确的,她对萧红的才华与风格特征有着非常精确的把握。正因为这种认识,他对萧红寄予了更多的期待。

由于胡风对"二萧"的熟悉,他也明显看出,随着二人在文坛获得了声名,生活上度过了艰难的时期,而二人之间以往患难时期的融洽和相爱却变淡了。上海之前的萧红还是并未获得文坛声名的文艺女青年,彼时由于萧军危难时的相救及同患难的真情,使萧红对萧军性格的粗疏和大男子主义尚不至于反感和厌恶,但随着萧红声名的鹊起,这个昔日跟在萧军之后的文艺女青年已经崛起为独具特色的女作家,萧红的成长无疑需要得到身边的亲密爱人萧军的尊重和认同,但萧军却忽视了这一方面,不和谐也渐渐显露和滋长。从人格而言,人是成长和发展变化的,每个个体在不同时期的需求和认同会面临发展的要求。一对夫妻之间的交流和认同也需如此,他们必须随时更新自我,需要同时得到对方的理解和尊重。获得声名的萧红无疑已经走出了那个被萧军搭救而需要萧军提供庇护的幼稚期,她渴望获得更高的尊重和理解。而这时的萧军却依然延续着他大男子主义的风格,忽视了妻子成长与变化的现实。

萧红与日本友人小田岳夫等

1937 年"八·一三"上海事变后,胡风和"二萧"相继到了武汉。胡风在武汉创办了《七月》杂志,"二萧"也积极相助,成为同人。后来"二萧"决定到山西民族革命大学去教书和参加革命工作。第二年萧红重返武汉,这时她已与萧军分手,和端木蕻良走到了一起。耿直的胡风一直对端木没有好感,在为 1984 年 2 月人民文学出版社出版的《萧红》所作的代序《悼萧红》中,胡风回忆道:"萧红从西安回到武汉后曾去看胡风,告诉他,她已与萧军分离。我不吃惊,认为他这样做是迟早的问题。"胡风对萧红说:"作为一个女人,你在精神上受了屈辱,你有权这样做,这是你坚强的表现,我们做朋友的为你能摆脱精神上的痛苦是高兴的。你何必这样快,你冷静一下不好吗?"但萧红此时并不领胡风的情,相反她觉得这些熟悉的朋友似乎都站在了萧军一边,指责她离开萧军。实际上胡风的责备是非常合理的,从萧红后来与端木感情的罅隙来看,她仓促的决定显然是草率的,胡风以一个年长的兄长的身份对她的责备实则包含了生活的阅历和智慧,只是当时的萧红并没有理解此中的深意。

由于胡风的耿直和坦率,使萧红误解了他的本意,直觉上萧红感受到了昔日"二萧"朋友圈对她的疏远,萧红不满于朋友们不理解她的态度。而胡风也感到萧红似乎变得疏远了。胡风写道:"我一直感到他们迟早分开的,但是目前这种情况,可使我迷惑不解了。我向她坦率地表示了我的意见,可能伤了她的自尊心,尤其使 T(当时在武汉、重庆,人们都这样称呼端木蕻良——引者注)感到不高兴。这以后,我们就显得疏远了。"但本质而言,胡风依然是萧红一个难得的诤友。

到重庆后,胡风与萧红又再度相见了,起初她还经常去胡风家看望他们。当时萧红已度过了与端木蕻良的蜜月期,在现实生活中两人开始出现的不和谐已经使她产生失望之感,经历了这些感情变化的萧红或许对于旧友曾经的劝告有了更多更深的领会和理解,他们依然保持着友情,重庆时期与友人相聚对于萧红而言是一种心理的放松和安慰。她去拜访胡风,有时萧红一人前往,与胡风相谈甚欢,有时萧红与端木同去,

由于胡风不喜欢端木,自然使气氛显得有点尴尬。有一时期他们虽都住在北碚乡下,但萧红却未曾看望过胡风,胡风也只是从靳以那里听说萧红与端木之间并不愉快的情况。这种变得疏远的情况,胡风将之归结为萧红某日来访时在胡风家看到了萧军新婚妻子的照片,误认为胡风站在萧军一边,从而疏远了来往。

而此时的萧红,或许经历了与端木蕻良生活更多的不快,加之生

产后小孩的死亡,这些不幸或许在某种程度上使她对自己第二次的感情选择有了后悔之意;但脆弱的萧红选择了忍耐与顺从,把这些看成是自己命运的安排。但从萧红个人来说,她突然疏远过去的朋友圈可能并非她的本意,又加之这个朋友圈对端木蕻良并不喜欢。总之,此后萧红的心绪变得更为抑郁和失意,已无心境去访友了。

后来萧红离开了重庆,她没有告诉她熟悉的任何朋友,与端木乘飞机去了香港。当时胡风并不知道也不理解萧红为何离开了熟悉的朋友,而去了陌生的香港。从此二人失去了联系。

直到1941年皖南事变后,胡风到了香港。他得知萧红健康状况不佳,去医院探望了养病的萧红。此时的萧红虽然身体衰弱,但是因为见了老友,她的精神稍有恢复,高兴地与胡风聊天。她甚至还热切地对胡风说:"我们办一个大型杂志吧?把我们的老朋友都找来写稿子,把萧军也找来。"虽然这时端木就在她的身边,她也毫不避讳,甚至说:"如果萧军知道我病着,我去信要他来,只要他能来,他一定会来看我,帮助我的。"显然这番话充满了讽刺意味,既有对端木照顾自己不周的不满,也有她对自己这段关系选择的失望。病中的孤独无助无疑使她想起过去萧军如何慷慨勇武地拯救她的记忆。今昔对比,使她无法忘怀自己旧日的爱侣萧军,也怀念以往熟悉亲切的友人一同热心于文学事业的热忱与充实的时光。但她的期望也只是建立在过去的患难恩爱中,毕竟那些对于她和萧军都已成过去,失望的萧红追悔怀念以往的爱人,期望能够回到那个美好的时刻。

胡风回忆这时与萧红的相见,对萧红的身体状态和精神状态都极为担忧:

> 我去看了一次萧红,无论她的生活情况还是精神状态,都给了我一种了无生气的苍白形象。只在谈到将来到桂林或别的什么地方租个大房子,把萧军接出来住在一起,共同办一个大刊物时,她的脸上才露出了一丝生气,我不得不在心里叹息,某种陈腐势力的代表者把写出过"北方人民对于生的坚强,对于死的

挣扎",坏到了这个地步,使她精神气质的"健全"——"明丽和新鲜"都暗淡了和发霉了。

胡风理解此时萧红的怀旧心情,但他并不理解萧红为何感到如此孤独与寂寞,他只能劝慰萧红好好养病,保重身体。香港沦陷后,胡风逃离香港,不再有关于萧红的消息,直至他到桂林之后,从陪伴萧红最后生命时光的骆宾基口中,才得知了萧红去世的消息。或许此时的胡风,才能理解萧红在香港时期的精神孤独和破碎感,仅31岁的青春就告别了人世,使他这个昔日的友人兼文友无不感到伤痛和惋惜。

毕竟胡风与萧红是文友,文学事业上的同伴和诤友,他们之间更多交流的内容是文学创作。对于萧红的情感,胡风并没有过多的了解。而这方面,或许他的妻子梅志,从一个普通女性的视角,更能理解萧红的困惑和情感挫折带给她的心理影响。

梅志,原名屠玘华,1914年出生于江西南昌,祖籍江苏武进。1933年毕业于上海培明女中,1932年加入左联。梅志小胡风12岁,她与胡风在左翼文艺运动中相识,这时的胡风已是一个思想成熟的左翼知识分子,而梅志只是一个不满20岁对左翼文学运动充满热忱幻想的青年女性,她的成长和世界观的形成在很大程度上受到胡风的影响,甚至可以说胡风是她的思想导师。二人感情甚笃,从《胡风家书》中,我们可以看到他们之间彼此关心,互相理解,他们既是生活上的相伴者,更是情感和精神上的相通者。新中国成立后,胡风因"胡风事件"被打成反革命,在漫长的二十多年牢狱生涯中,妻子梅志矢志不渝的等待和坚守更是令人动容。从梅志的视角关照萧红感情的不幸,恰能反映出萧红感情关系中存在的问题。

1935年初,在"二萧"租住的法租界萨坡赛路唐豪律师家,梅志终于见到了"二萧"。"二萧"邀请朋友们吃晚饭,这时罗烽、白朗夫妇也刚到来到上海,大家围在一张长桌旁包饺子,萧红负责擀饺子皮儿,大家一块儿包饺子,场面非常热闹和温馨。在南方长大的梅志对这种场面感到非常好奇,也跃跃欲试,虽然梅志与这些朋友是初次见面,但胡风时常对梅志讲述的他们的故事使梅志觉得自己与他们早已相识,因此她也毫不感到拘束。

整个晚宴大家都非常快乐。回到家后,胡风批评梅志说话幼稚,说那些人可都是小说家呢,而梅志也颇感懊悔,担心自己真的举止失措。

第一次见到萧红的梅志,在她的眼中,萧红瘦高的身材,苍白的脸,扎着两条粗粗的小辫,说话声音平和,富有韵味,富有感情,萧红熟练地操持家务的情景留给梅志很深的印象,厨房里能干麻利的萧红显然是一个好主妇。

一个月后,胡风和梅志去"二萧"家拜访,萧军不在家,萧红正忙着收拾房间,擦地板。他们进屋后,萧红才直起腰来,气喘吁吁,很吃力的样子。胡风问萧军去哪儿了,萧红说:"人家一早儿就去公园用功去了,等会儿你看吧,一定怪我不看书。"萧红忍不住向胡风抱怨,屋里这么脏,她看不惯,做这些家务琐事也是耗费精力的。后来萧红和胡风谈起写作的事情,萧红认真、仔细地听取胡风的建议和批评,两人谈得很投机。

过了一会儿,萧军回来了,精神充沛,容光焕发,一进屋就带来了阳光和热力。他果然一回来就责备萧红不认真读书,夸耀自己一会儿功夫读了不少内容。而萧红也毫不示弱,说自己还得在家拖地板呢。由这个细节不难看出,"二萧"之间这种孩子气的竞争,属于一对职业作家夫妻之间必有的现象,偶尔的点缀无疑可以增添生活意趣,但常态则暴露了更多问题。

萧红既要成为一个家庭主妇,又要在事业追求上投入更多的精力,她更想得到作为丈夫的萧军对她的尊重和理解,对于大男子主义的萧军来说无疑是有点困难的。从传统家庭结构来看,妻子操持家务司空见惯,作为接受过现代启蒙思想影响的萧军显然没有意识到像萧红这样的现代女性在当时需承担多重的责任与义务,更谈不上对作家妻子付出的家庭劳动的尊重与理解了。一对声名在外的作家夫妻,有性别上的差异,有因袭文化的差异,而这种文化差异决定了作为现代女性求得发展所要面对的多重障碍。这种客观的矛盾随着二人声名的提升而越来越突出,虽然萧红已是名声在外的女作家,但作为作家的丈夫并不愿被妻子的声名盖过,更加之萧军身上的大男子气,更强化了他以支配者的姿态凸显其男性意识的诉求,他以萧红保护人自居的心态随着萧红个性人格的成熟,其裂隙也愈加突出。

胡风无疑是欣赏萧红的才华的,比如1935年底《生死场》刚出版的时候,他为《生死场》写了"后记",而且胡风还建议他的夫人梅志多看看,他对梅志说:"这是有着天才闪光的作品,你看看吧,可以得到不少益处。"可见胡风对萧红文学才华的看重。

梅志读后,感到有些地方使她感动,她也很喜欢,但她向胡风发问:"怎么这样写呀?忽然这样,一下子又是那样,一点不连贯,也不完整,简直把人搞糊涂了,不像小说。'小说作法'上一定没有这样写法。"

胡风听后笑了,他笑妻子并规劝道:"你呀,你呀,真是被旧小说害得不浅,什么'小说作法',那些框框害你不浅,你要好好读读她的作品。它虽然有缺点,你看她的感觉多敏锐,写人物自然风景不受旧的形式束缚,这正是她独特的风格,这是近年来不可多见的作家。"

梅志在读了萧红的作品后,虽然她对萧红作品中那些新鲜的表现方式依然感到陌生和不适,但萧红的作品的独特表现力令她感动,她也成为喜爱萧红作品的一位读者。

后来,"二萧"搬到了北四川路,而胡风没有将他们的地址告诉过"二萧",因此他们并不时常见面。有时,梅志听丈夫胡风谈起他在街头遇到萧红,她一个人到俄国大菜馆吃两角钱一客的便宜饭,而且这种偶遇还不止一次。对于萧红这样的生活状态,梅志心存疑问,她无法理解"二萧"如此生存的窘状。因为她觉得以"二萧"的声名与当时创作发表的情况,完全没有必要过着那样稍显窘迫的生活。这个现象也从某方面反映出"二萧"生活的无序状态,也从某个侧面暴露出两人感情裂隙的客观存在。1936 年夏天，胡风时常带着梅志去鲁迅家，这时胡风正在帮助不懂中文的鹿地亘翻译鲁迅的作品。不久冯雪峰来到上海，胡风更加频繁地出入鲁迅家，梅志也时常要求丈夫带她同去。胡风则时常嘱托妻子，不要跟他上楼去，而只她跟许广平在楼下谈谈。能见到许广平先生，梅志是很高兴的，她很钦佩许广平将家里收拾得井井有条，待客周到体贴，而她

胡风与梅志

本人则时常因为做这些家务琐事而感到烦闷。到了鲁迅家里，安静肃穆的气氛，许广平的和蔼可亲，都使她感到心神愉悦。

这个时期，梅志去鲁迅家的时候，时常遇到萧红也在楼下，许广平让梅志去陪萧红与海婴，她就去忙活她的事情去了。这时的萧红脸色苍白，精神憔悴，心神不宁。小海婴拿出自己的玩具，央求萧红和他一起玩，在孩子的天真活泼情绪的感召下，萧红情绪渐渐好转，也开始与梅志相互拉拉家常。有时许广平也向梅志诉苦，对萧红完全失去冷静的理性爱莫能助，毕竟萧红在鲁迅生病期间不断的拜访也干扰了许广平对鲁迅的照顾和对家庭事务的处理。

梅志在回忆文章中写道：

由于我常去许先生那里，有时她正在诉苦发牢骚时，也就不回避我。她那时身体很坏，常常失眠和肚子痛。当然更难忍受

的是精神上的痛苦。许先生和我商量过,我们不好规劝萧红,只能安慰她几句。但很惋惜这一对作家夫妇,怎么会在生活中出现这种不协调的现象。他们不是很懂得人生疾苦、很有感情的人吗?为什么要使对方受苦呢?后来知道萧红还是力求摆脱这精神上的屈辱和痛苦,离开了萧军一段时间。

去日本之前,萧红颇为积极地为出行作着准备,她到胡风家附近的地方做西服,这时她的心绪已恢复平和,梅志看到这种变化也为她能从失序的状态恢复感到高兴。但她发现萧红似乎有了某种变化,不仅在形象上而且在服饰打扮上都与以往不同,她烫了头发,身上穿着小店做的便宜西服,这让梅志感到她失去了以往朴素自然的情状。但从女性的视角,她理解萧红试图改变自己的努力,从心理层面来说,外表的改变也是个体试图摆脱过去的负荷重新寻找自我的方式。

萧红从东京回来后,她时常去许广平家串门,因此梅志也能时常遇见她。归国的萧红,又恢复了以往简单朴素的打扮的样子,头发也恢复为平顺的短发,梅志感到她以往亲切与熟悉的萧红又回来了。

这个时期的萧红意气风发,在文坛已奠定了稳定地位的"二萧"无论在名誉还是金钱方面都处于最佳的状态。然而"二萧"的感情问题依旧,在许广平家的一次聚会上,萧红左眼上有青紫的瘀伤,朋友们自然关切地问起情况,萧红掩饰说是自己不小心碰伤了,但萧军则毫不避讳地说是自己醉酒打的。萧军语气中没有丝毫的道歉之意,而萧红则为萧军辩解说因为萧军喝了酒,她在劝说时,不小心被萧军一推,碰伤了。对这件事情的态度,极为逼真地将两人关系的本质问题暴露出来,萧红极力避免家事外扬,隐忍退避,而萧军则毫不避讳,丝毫不以为过,尽显大男子主义的意气。度过了患难期的"二萧",在有了较好的生活条件时,丈夫并不能对敏感柔弱的妻子给予体贴和爱护,如果说在以往的患难生活中萧军颇有慷慨和担当的精神,他给予弱女子萧红安全的庇护,但上海时期萧军却忽略了萧红的成长和变化,她已过了那个需要他拯救时的危险期,有了自己独立人格,这时的萧红更需要尊重和理解。成名后的萧红也不甘于再做被保护人的角色,两人人格上的冲突导致彼此的矛盾越发突出。

梅志还从一个小事件中发现"二萧"之间这种人格上的矛盾。由于胡风与梅志还没为自己的孩子起好名字,于是在一次文友聚会中,他们就谈论到这个问题。当时,萧红为了表示对朋友的诚意和关心,表达她对孩子的喜欢之情,央求萧军出去给孩子买个礼物,而萧军出去后并没有买更适合作为孩子礼物的玩具这类东西,却买了俄式面包回来。萧红并不满意,她原本希望萧军给孩子买个真正的玩具,而萧军却全不在意,萧军的行为甚至有故意逆其意而行之的挑衅意味。在如此的小细节中暴露的小冲突显然说明这时的"二萧"已没有同度患难的体贴与和谐了。萧军极力表明自己在婚姻与家庭中的支配感,而这种支配感却只能越来越引起萧红的不满。在萧红的成长经历中,她历经抗婚、在困境中求救等都是为了反抗这种支配感,获得自我独立,获得支配自己命运的能力,萧军的大男子主义无疑只能更深地伤害萧红敏感脆弱的心灵。"二萧"的分手,也源于萧红从根本上对独立和尊重的寻求。

在武汉时期,胡风和"二萧"一起编辑《七月》杂志,此时胡风寄居在武汉的朋友家,萧红与萧军等"七月"同人时常在他家的客厅开座谈会。这时梅志时常观察到"二萧"与端木蕻良之间"三人行"的状态,由于三人都来自东北,加之战时又生活在一起,同乡情谊与战时乌托邦的生活状态,使他们的聚会非常热闹和欢乐。在梅志眼中,这时的萧红脸色红润,身体健康,精神自信。这个来自第三方的视角或许折射出武汉时期萧红与端木蕻良之间融洽与和谐的关系状态。

在武汉时,胡风、梅志在家中时常接待朋友,有时萧军和端木蕻良也来他们家中小坐,谈着谈着,萧军和端木之间就会争吵起来。这只是无伤大雅的小的争吵,更似他们这些友人日常谈话的点缀。作为旁观者的梅志慢慢知道两人争吵的缘由,原来萧军和端木二人,一个自比是中国的托尔斯泰,另一个自比是中国的巴尔扎克。两人互相争执讨论,互不相让。最后萧红说:"你们两位大师,可以休息休息了,大师还是要吃饭的,我们到哪儿去呀?回家?还是过江去?"萧红的调侃很灵验,二人马上住口。

萧红与梅志、小谷在重庆

　　这段"三人行"的热闹显然也是颇为有趣的,萧红在两个男人之间的微妙情感中显然得到了更多的尊重,尤其当萧红与萧军争执时,端木俨然以义士自居跳出来保护萧红,萧红的性格变得活泼多了。这段"三人行"的状态,萧红或许认为另一个气质文雅的男子更能理解她的内心,她最终与萧军分手,与端木走到了一起。当萧红和端木再次回到武汉,她向胡风和梅志告知了自己的选择后,胡风和梅志没有表示任何态度,也没对二人表示祝贺。从根本上说,无论胡风还是梅志都认为萧红的决定过于仓促和冒险,因而他们也无法从内心深处认同萧红的选择。

关于萧红离开萧军,选择与端木走到一起,梅志表达了自己作为一个冷静的旁观者的态度:

> 这个第三者的闯入,更是使他们原本就有裂痕的共同生活,彻底破裂了,这只能是萧红精神上的一种对抗,现在这能是真正的爱情吗?也许仅是想转换一下生活对象罢了,做得似乎太冒险了,我为萧红担心,不久他们两个也回到了武汉。

梅志认为:萧红与端木蕻良走到一起,使得已有裂痕的"二萧"感情雪上加霜,萧红缺乏对端木蕻良更深入的了解,萧红仓促的决定更像是以迅速的感情转移作为对萧军不满的反抗。

梅志觉得萧红的感情迁移负气的因素占了太大的成分,缺乏理性和认真的考虑。这样的爱情选择太过于冒险,未来会更加不可预测。

梅志在回忆文章中解释了她和胡风对萧红选择不置可否的原因:

> 也算是萧红的女友 S 女士来我们家,可发起牢骚来了。"我请她住在我家,有一间很好的房子,她也愿意。谁知晚上窗外有人一叫,她跳窗逃走了。"之后她又气恼地补上一句:"喝,像夜猫子一样,真没办法!我真的没办法!"她双手一摊,可能对这"夜猫子"一词很欣赏,以为在中国话里找到了好的形容词,还咯咯咯地一个人笑了起来。我心想她可能是爱得狂热了效文君的私奔?还是真的被爱着呢?或者正因为他的一副胆怯相,一副温和的绅士派头,使她离开了粗犷的萧军?总之,我以为她这是一个任性的反拨,走向另一极端的选择。我们是说不出祝贺的话的。

在梅志看来,萧红离开粗犷豪放的萧军而选择看起来有温和绅士派头的端木完全是一个极端的选择。然而对于朋友的选择,他们也无能为力。在武汉时,萧红时常一个人来胡风家拜访,此时的萧红已显孕身,遇到胡风不在家时,她也时常与梅志谈天,她谈起自己的家乡和幼年生活。当时梅志与房东主人一起去医院做孕检,准备打胎,萧红也同去了,检查出这时她已有了三个月的身孕。由于打胎费用昂贵,于是三人打消了这个念头。萧红在已有身孕的情况下与端木蕻良结合,一方面说明了"二萧"之间感情难以复合的紧张状态,另一方面也说明了萧红与端木蕻良在初遇时他们确实曾经有过真诚的情感。毕竟怀孕的萧红与端木蕻良走到一起首先需要克服这一伦理障碍,端木是需要勇气接受萧红过于复杂的过去的。但这一事实恰似一柄双刃剑,其影响向什么方向发展取决于两人未来如何真实面对,非须臾片刻就能轻易消除的。这一太过复杂的事实留下的隐患和潜在的症结是不可预料的,萧红在江津生产后孩子突然死亡,似乎暗示着萧红和端木蕻良仓促结合产生的后遗症。

1938年底,梅志几经辗转到了重庆,由于找不到房子,他们暂时住在朋友让出的小旅馆里。半个月后梅志生下了女儿。有一天,梅志在家里照顾孩子时,萧红拿着一株红梅拜访,看到萧红,梅志喜出望外。萧红穿着合体的黑丝绒长旗袍,高贵清雅。当天胡风有事外出,于是两位女性在家中共叙家常,萧红告诉梅志她的孩子死了,并向梅志感叹一个人怎能拖得起一个孩子,梅志疑惑于萧红的表述,她想萧红不是与端木生活在一起吗?她怎么会说自己一个人呢?在萧红的话语中,充满着她对当下婚姻的不快和失意,萧红将自己在这段感情中承受的压力很委婉地表达了出来。

梅志夸赞萧红的衣服漂亮,萧红告诉梅志她是从地摊上买的布料、纽扣等,自己做的旗袍。"二萧"在初见鲁迅时萧红为萧军赶制衬衫时我们已经见识了萧红的巧手。正如许广平所言,如果萧红有一个和平安宁的环境,她原本可以成为一个聪明的主妇和一个创作颇丰的作家,她在这两方面一点不缺乏天生的资质。

对萧红的这一遭遇,梅志感叹:

> 这当然是萧红的不幸!但她绝对不是不愿做母亲,她是爱孩子的。是被剥夺了她做母亲的权利、爱自己孩子的权利?难

道一个女作家还不能养活一个孩子吗？我无法理解。不过我对她在"爱"的方面更看出了她的一些弱点。

在重庆，梅志也渐渐认识萧红的其他一些朋友，知道了更多关于萧红的境遇。她一方面深为同情萧红的境遇，另一方面对萧红的天真等性格中的弱点深为感慨，梅志对萧红依然保有对以往朋友的信任和依赖，对萧红毫无世俗阅历的天真感到可惜。

胡风、梅志收到了萧军的来信，其中附有他与新婚妻子的照片。照片上萧军和一个姑娘双双坐在一处凶石上，身边还有一只狗，从照片上可以看出姑娘很年轻、很健康也很漂亮，原来萧军已经和这位姑娘结婚了。萧军在信里忍不住宣泄了自己充满幸福的心情。后来恰好萧红来访，胡风不在家，于是梅志与萧红一起闲谈。梅志记述了这一细节：

> 我为她倒了茶，眼看着她满脸红潮，气虚得很，真为她担心。这山城的路是没有上海和武汉的马路好走，我这阁楼又是山上的第三层，还得走一段没光的扶梯，只好摸着上来。它本是朋友家的贮藏杂物的房间，承蒙主人借给我们安身，已是很大的幸运了。我们就将杂物归在一边，用一块布遮拦住，倒也空出十来米的地方，这就是我们的卧房、书房、"客厅"、"餐厅"了。这么高，又是这么一个拥挤的地方，一旦有朋友来我是很感抱歉的。而她不辞辛苦地来看我们，我更感不安，我高兴地亲切地和她闲谈着。

> 闲谈着，我忽然想到萧军的来信，就不加思索地从抽屉里取出来给她看。她仔细地看了信，也看了照片，看了正面又看反面。反面写着："这是我们从兰州临行前一天在黄河边'圣地'上照的，那只狗也是我们的朋友……"她手里拿着照片一声不响，脸上也毫无表情，刚才的红潮早已退了，现出白里透红的颜色，像石雕似的呆坐着。我发慌了，后悔了。想不到她对萧军还有这么深的余情，看得出她心里是痛苦、失望、伤心的。这张照

片对她该是个不小的打击,但又是必然要来的一个打击。

后来她像是醒过来了,仍旧没有做任何表示,只是说:"那我走了,同 F 说我来过了。"

就这样像逃避什么似的匆匆地走了。

梅志不曾料到萧红依然对萧军留有余情,这张照片对萧红无疑是一个打击。在笔者看来,萧军新婚妻子年轻健康的身体似乎映照出萧红一直柔弱病痛的身体,萧军过去时常夸耀自己健壮的身体,言语间时有对萧红病弱身体的轻视。而且,萧军一家看似美满的感情也触动了萧红,这个瞬间反应也折射了萧红与端木之间情感或许并不和谐的现实,使她反观自己仓促决定带来的并不满意的后果。

胡风一家搬到抗战时期复旦大学所在的黄角镇附近后,萧红和端木也搬到了镇上。梅志在赶场时会遇到萧红,只见萧红跟在一个娘姨身后,娘姨在挑选东西,而萧红只是匆忙付款买东西,表现出毫无意趣的情态。梅志直觉中感到萧红对这样的教授夫人的生活似乎并无兴趣,她似乎不满于这种一人奔波操劳的生活状态,这和她与萧军二人营建家庭时的状态有天壤之别。相比较于萧军,端木蕻良在优裕家庭中长大,无心也无处理家庭事务的能力。萧红在与端木的生活中,更多地扮演着家庭主妇的角色。比之与萧军的感情裂隙,这与她所期待的尊重和理解更远了一层。

虽然同在重庆,梅志也知道萧红的住处,而且胡风也在复旦大学有两门课,双方相见的机会应该是不少的,但觉得还是不去拜访为好。有一次她们在操场相遇,梅志告诉萧红她和胡风就住在附近,并邀请萧红去家中做客,萧红婉辞,后来也没见萧红去拜访他们。萧红似乎主动地断绝了与朋友们的来往,而胡风则一直关心着萧红,夫妻二人从靳以那里时常可以听到萧红的消息。但显然,萧红渐渐地疏远了以往的老友。

梅志依然可以时常看见萧红。在梅志看来,此时的萧红已经全无上海时期的意气和精神:

我还是能经常见着她，多半在下午我去传达室取报的时候，当许多学生、教授走出校门经过镇上大街，这里面会有他们两个。他们有时可能是出来散步或是到对岸北碚去。时间已是深秋了。男的穿着他常穿的咖啡色夹克，像过去一样斜着肩低着脑袋，在街上走着，相隔两米远的后面萧红也低着头尾随着。不知道他们关系的人，只当是两个路人呢。知道的也可以认为他们不和刚吵了架哩！都低着头不高兴和人打招呼。别人也就不去和他们点头招呼了。萧红在她的旗袍上有时加一件红毛衣，从背影看显得瘦多了，两肩比过去耸得更高；抬着肩缩着脖，背还有点佝偻，真不像一个只有二十多岁的少妇的身影。再也看不出过去那个在上海昂着头挺着胸，用劲地响着皮鞋在马路上赛跑的年轻的北方姑娘了。

这之后关于萧红的消息就是梅志听到自己的邻居谈起萧红替端木到镇公所处理打人事件的传闻，又从萧红的邻居靳以那里证实了这一事件，靳以以极为义愤的态度表达着对端木的不满和对萧红的同情。二人后来离开北碚去了重庆，之后离开重庆到达香港。这些消息胡风夫妇都是从靳以处得知的，靳以对端木的不辞而别，甚至连家中的娘姨都未辞退的做法极为不解。两人匆忙神秘地离开，也令萧红的友人对她的未来颇为担心。

梅志在回忆文章中写道：

我在去北碚的码头上，遇见了靳以先生，他也在等船。他和我谈起萧红，因为他们是邻居，对于一些生活细节他说得活灵活现，而且也充满着激情和气势；一个有正义感，尤其是对女性十分崇拜十分关切的他，是不能不这样的。想着他对他的年轻美丽的妻子那份爱护备至，我更没有理由说他不应该责备那位和萧红一道生活的朋友。后来靳以在怀念萧红的文章中所写的词句已经冷静而又冷静了。

是呀，所有的朋友听到这消息无不表示了惊奇，怎么会想到离开抗战的祖国到香港去了。后来我才约莫地懂得了她当时的心情，她是以屈就别人牺牲自己的精神去香港的。这里表现她为别人牺牲的伟大，也表现了她跳不出她已感到桎梏的小圈子的软弱。她只希望有一个强大的力量拉住她，不让她去。但她终于远离了抗战的祖国和人民，到那人地生疏、言语不通的亚热带的香港去了。

显而易见，萧红与端木的结合，萧红渐渐疏远了自己过去熟悉的朋友圈。不知是因为这个朋友圈是过去她和萧军共有的朋友圈，还是朋友圈令她想起以往的生活，抑或这个朋友圈中的大多数朋友都与萧军更加密切和友好。总之，萧红在重庆的生活越来越孤立，将自己束缚在一个更小的空间里。这个时候，她已经无人可以倾诉了。她或许认为朋友们都站在了萧军的一边，或者经历了又一次孩子死亡的打击，她对自己的命运及现状有了更为悲观的想象，又一次陷入了无可排遣的孤独中。在熟悉萧红的友人看来，性格脆弱的她这一次又陷入了另一种困境，她牺牲了自己的人格屈从了端木而甘愿做了端木背后的妻子。

没想到突然来了这一阵风暴

——萧红与端木蕻良

对萧红与端木蕻良走到一起，最初，"二萧"周围的朋友很多都持反对意见。同在青岛一起编辑文字、有着较深友谊的梅林直言告诫萧红；"二萧"的老朋友舒群则直言萧红为什么不能一个人生活；胡风则批评萧红不认真考虑太急于做出选择。显然朋友圈的这种态度使萧红感到被疏远了。而在这个问题上，自然朋友们的劝告抑或意见并不能改变萧红当时的自我感受和认识。

对于萧红和端木蕻良的结合，迄今为止看法多样。尤其是在萧红死后，当时萧红的友人们对端木蕻良的批评几乎是一边倒的，却并没有较为客观地对两人关系进行较为理性的评判。各种关于萧红的传记在这个问题上也态度不一。较早的骆宾基基于与萧红的谈话而撰写的《萧红小传》中对端木蕻良的描写极为不堪，端木蕻良在这部传记中被描述为一个缺乏担当更缺乏对妻子爱护的自私的丈夫；20世纪80年代美籍学者葛浩文的《萧红传》对端木蕻良也持批评态度；端木蕻良后来的妻子钟耀群撰写的《端木与萧红》则从端木蕻良的角度叙述两人之间的感情状态，在某种程度上试图恢复端木蕻良被"恶化"的声誉。在端木蕻良与萧红的关系上，一方面作为后来者，我们需要关注当时时人（他们身边的友人）的态度和看法，因为从历史的角度来说，他们毕竟是最接近于具体人物或事件的，有些甚至是见证人，他们的陈述是有说服力的；但另一方面，我们还必须兼顾作为当事人的萧红和端木蕻良他们自身的问题,因为事件发展走向完全取决于这两个当事人自身的行为与选择。

从根本上说,两人的感情变化实则正是人性丰富性和复杂性的具体而微的表现。在这个问题上,不必上升到道德伦理审判的视角去评判,或许我们从人性的弱点和人性的丰富性出发更能理解事件的多重性。

因此,对于萧红与端木蕻良的关系的实质,我们既应该关注当时他们的友人的意见和态度,但也需从两人的性格因素及人性的弱点等角度给予理性的理解和认识。我们必须注意的一个客观的前提是:两人感情的开始,是萧红主动选择了端木蕻良,是萧红向友人宣布了她的选择,这种选择必然有萧红自己的考虑;至于两人在相处中存在的问题,有两人性格和成长经历不同的不和谐因素,一味将责任推到端木一人身上,也缺乏公允;但端木客观上确实造成了萧红对两人情感的失望与怨恨,却也是必须正视的现实。

在分析萧红选择端木蕻良之前,我们或许可以先就萧红与萧军之间的感情罅隙做些陈述。

1932 年 7 月 12 日,萧军在决定拯救萧红的哈尔滨东兴顺旅馆初识之夜,就向萧红表明他对婚恋的态度,即"爱便爱,不爱便丢开"的萧军的"爱的哲学"。这种"爱的哲学"只遵从自我内心的感觉,并不顾及对他人造成的影响,尤其是对自己爱人的伤害。据说在当年萧红还未脱离困境时,萧军就似乎移情于一个名叫玛丽的女子,萧红当年难以排遣这一事件给她的打击,在当时写作的《幻觉》一诗中,表达自己的哀怨与感伤,她无助地哀叹:"因为你的心,不是已经给了我吗?"端木蕻良的侄子曹革成在《我的婶婶萧红》一书里将玛丽事件坐实:"据舒群晚年介绍,玛丽姓李,是位气质极佳的大家闺秀。当时她主办的文艺沙龙,在哈尔滨极有名气,一批正直、健康的男士围拢在她周围。许多人追求她,许多人暗恋她。"萧军大概是这些暗恋者之一。

如果说,萧军对李玛丽的移情只是不甚明了的暗恋,给当时尚在困厄中的萧红带来了爱的伤感,那么,在两年后"二萧"已经同居的情形下,萧军对慕名来访的上海姑娘陈涓,则早已越出了暗恋的程度,而是实在的移情别恋。面对这感情的背叛,萧红再一次承受着自己深爱着的男人带给自己的心灵伤痛。从萧红的一些散文也可隐约发现,"二萧"安家于哈尔滨商市街 25 号,漂亮的房东小姐似乎也是萧军的追求对象。"二萧"哈尔滨时期的朋友孙陵在日后所著《我熟识的三十年代作家》一书里对此似乎也有说明,他指出那位房东三小姐是一位很出风头的少女,名叫王丽。孙陵进一步对此评说:"三郎几乎是见到漂亮一点的女人便要追逐,他从不考虑可不可追,他只想到要不要追。"由此可以看出,萧红在某种意义上被萧军拯救之后,萧军也在以自己独特的方式给她带来感情伤害。

这是萧红脱离家族之后,人生苦难最重要的根源。

而萧军与陈涓的关系对萧红的打击是最大的。1934 年 11 月"二萧"抵达上海之后,萧军曾找到陈涓家,只是陈涓当时漂泊在沈阳,但萧军并未放弃,从此与之建立书信联系。次年春,萧军还以"二萧"名义给在哈尔滨举行婚礼的陈涓发信祝贺。萧军对陈涓的旧情复萌,引起萧红的不满与焦虑。在 1935 年 5 月完成的《商市街》系列散文中,《一个南方姑娘》详细记述了当年萧军与陈涓暧昧交往的始末,以及这个事件给她带来的不快和感情上淡淡的伤痛。1936 年初春,陈涓带着孩子回上海省亲,其兄住在萨坡赛路 16 号,距"二萧"住处很近。期间,陈涓还与小妹一起到"二萧"住处拜访。再次见面后,萧军更是开始了对陈涓的狂热追逐。陈涓在 1944 年 6 月《千秋》创刊号上发表《萧红死后——致某作家》针对萧红《一个南方的姑娘》一文反驳,在文中,陈涓将这一切归结为萧军的执拗追逐,而撇清自己的问题,是陈涓在与萧军的来往中慢慢感觉到萧军的异样,以至见他就觉得"很害怕",他那"固执的性格"、"强烈的情感"令其烦恼,觉得他"太把自己沉溺于幻想中了"。这种情感裂隙,使萧红的心情变坏,并决定搬家以期得到改变;她原以为搬离后,离陈家较远,情况或许有所好转。然而,据陈涓的记述,路途的遥远丝毫没有影响萧军那份狂热和激情。这也是萧红时常去鲁迅家寻求安慰失魂落寞的那一时期。在陈涓笔下,萧军是一个狂热的失去理性的追求者,她也在努力摆脱萧军的追逐,最终她离开上海北上,似乎从此摆脱了萧军的纠缠。

经历过拯救者带给她的这些情感背叛,感情深受伤害的萧红选择端木蕻良是有着她理性考虑的前提的。

钟耀群在传记中这样评价两人的结合:

> 端木与萧红自 1938 年 5 月在武汉喜结连理,到 1942 年 1 月 22 日随着萧红在香港逝世而阴阳两隔,两人作为正式夫妻生活了近四年。在萧红的婚姻史上,有过与汪恩甲的订婚与悔婚,以及先后与汪恩甲、萧军的同居。基于常理,与端木在一起的这段人生经历,应该是她一生中最能得到认可的婚姻生活。然而,恰恰相反,无论生前、死后,萧红与端木这段婚姻始终很难得到周围人以及研究者的理性看待。在生前,她因此遭遇“友情封锁”;而死后则让端木因之承受更多非议甚至恶谤。对此,端木从来不作任何回应。

这里需作些解释,钟耀群从婚姻仪式说明端木给了萧红最认可的婚姻生活,并不具有特别有效的说服力。民国时期的文人,尤其是左翼知识分子,他们对旧式的婚姻观念,是嗤之以鼻的;或者说他们的反封建思想使他们对与传统根深蒂固的形式并不特别看重。因此民国时期,进步知识分子或者左翼社会活动者的恋爱或同居常常具有惊世骇俗的特点。这样的例子不胜枚举,从鲁迅与许广平的同居,丁玲与胡也频的同居,瞿秋白与杨之华的结合等,都不难看出这种思想倾向。

萧红和端木初识后彼此迅速走到一起引发“二萧”周围友人的异议,但并未遭到“友情封锁”。萧红离开武汉到重庆,如安排离开事宜以及在重庆生活期间,尤其是她在孩子生产之时得到昔日挚友白朗一家的关照。因此客观来说,萧红的友人固然对萧红选择端木蕻良有异议,但萧红在生活中始终还是得到了周围朋友的相助。倒是萧红,在重庆后来的生活中,逐渐疏离了与昔日友人的交往,以至于两人秘密离开重庆飞赴香港。这种态度的突然转变倒是从某个角度折射出某种潜在的问题,由于与端木蕻良的生活,萧红放弃了与昔日友人的交往事实,在重庆二人极少一同去看望朋友的经历,萧红则最终牺牲了自己,与端木保持一致。

一、初　遇

七七事变时,端木蕻良正在青岛,他是应南开中学同学饶斌之约,到青岛海军俱乐部度夏的。某天他突然接到茅盾先生的信,要他马上回沪,于是他立即告诉饶斌买船票回了上海。由于战火迅速蔓延,上海一些文学刊物被迫停刊,这时胡风准备筹办刊物《七月》,约端木参加。当时到会的包括艾青、萧军、萧红等十来个人,这是端木第一次与萧红与萧军见面。由于他们都来自东北,且爱好文学,因此很快相熟。

初遇时,在端木眼里,萧红身上有着北方女性质朴豪迈的味道。萧红老练吸烟的样子,被端

端木蕻良

木认为是女作家的派头。之后,在胡风召集的组稿会上,端木与萧红还见过两次面。此时端木对萧红的认识也仅限于印象式的,尚缺乏深入的了解。但从外在的外貌与气质看,文弱的端木蕻良与此时颇有豪迈气度的女作家的气势却有明显差异。

不久,由于战事紧张,大批文化人离开上海。胡风决定去武汉时,端木由于风湿病复发,行动不便,准备暂时到浙江上虞三哥那里,于是他乘火车到了上虞。半个月后,端木病情稍有恢复,他接到萧军从武汉的来信,力邀他去武汉,还强调胡风、艾青、聂绀弩等都已到武汉,正在为新办刊物《七月》写文章。一群昔日的文友都在武汉,这对端木也是颇有吸引力的。他在收到这封热情洋溢的信后,便立即收拾行装,乘火车前往武汉。

二、相　识

战时武汉小金龙巷二号这个地方一下子变得热闹起来,这里是胡风《七月》刊物时常召开座谈会的处所。之前,这里是诗人蒋锡金一人的居住地,战时,这里迎来了一群左翼文学作家。由于蒋锡金平时早出晚归,经常不在家,现在则是"二萧"的暂居处。战时一切都是不确定的,很多南来的知识分子也是颇为闲散的,小金龙巷又住着这些左翼文人,因此到小金龙巷做客聊天的人一下子多了起来,绝大多数是从事抗日救亡运动的文艺工作者。

某一天,这个热闹的地方迎来了另一位住客,一个衣着打扮与战乱年代格格不入的青年人:他穿一身西装,脚穿长统靴,手戴鹿皮手套,留着很长的头发,不过,面色苍白。那身西装也很奇特,垫了很高的肩,几乎把两肩都给垫平了……

他走进来时,从细瘦的手上脱下棕色的小巧的鹿皮手套,笑着,径直对萧红说道:"你说这手套还不错吧!"

萧红接过来,试着戴手套,说道:"哎呀,端木的手真细呀! 他的手套我戴正合适呢。"

在蒋锡金的回忆文章中,也记述了当时端木蕻良给他留下的特别印象:西装高筒靴,形容憔悴、面色苍白的文学青年,并开玩笑似地给穿着当时流行款式西装的端木蕻良起了个外号"一字平肩王"。

这就是端木蕻良。端木身材瘦高,穿着洋气,说话和声细气,性格内向,文质彬彬,与萧军的粗犷、好强、豪放、野气形成鲜明对比。

端木蕻良原名曹汉文,又名曹京平,比萧红小一岁,1912 年 9 月 25 日出生于辽宁省昌图县农村的一个大地主家庭。思想开明的父亲在其 11 岁时送他至天津,进入美国美伊美教会办的汇文中学学习,接受西化新式教育。1928 年,16 岁的端木考入南开中学初中三年级。在天津南开时,他开始在校内的各种刊物上发表政论、书评、诗歌和小说等文章。"九·一八"事变爆发,他因参加学生运动被南开中学开除。1932 年 3 月端木蕻良加入孙殿英部队,有三四个月的行伍经历。脱离部队之后,他考入清华大学历史系,并于同年加入北方"左联"。1933 年 8 月 3 日,因叛徒告密,"左联"组织遭破坏,端木得到消息迅速逃走,从此再未返回清华。为了宣泄失望与苦闷,年仅 21 岁的端木,仅用四个月时间就在天津完成了长篇小说《科尔沁旗草原》。1936 年初,南下上海。6 月 18 日,在上海蛰居五个月期间,他完成了另一部长篇代表作《大地的海》。不久,端木完成短篇小说《鹭鸶湖的忧郁》,经郑振铎推荐发表于《文学》杂志第七卷第二期,署名"端木蕻良"。《鹭鸶湖的忧郁》"是端木蕻良在正式的全国性文学刊物上发表的第一篇作品",标志其登上文坛。胡风撰文热情评价该作"无疑地是今年的创作界底可宝贵的收获"。稍后,在鲁迅推荐下,端木的短篇小说《爷爷为什么不吃高粱米粥》发表于《作家》第二卷第一期。小说刊出第二天,鲁迅逝世。

新中国成立后,在端木蕻良的妻子钟耀群所著的《端木与萧红》

中，记录了当时"二萧"和端木"三人行"的情形：

> 那时，小金龙巷内，萧军和萧红住一间房，房内一张大床，一张桌子，两把椅子和一些零星东西。这间房是由住另一间房的蒋锡金借的。端木看到这儿没有他住的地方，稍稍休息后，就准备去找三哥的女朋友刘国英，到她家里去住。

> "二萧"则挽留端木，建议端木当晚就住在这里，萧军建议可以住在他们屋里，解释说他们的床大，这种战时的随意安置倒也有合理之处。

> 那时，端木上身穿着皮茄克，下身穿灯心绒马裤，高筒马靴，这是他从小就爱好的打扮，在一群流亡青年中，这种洋打扮，还是会引来一些非议，尽管他们嘴上不说，心里总有一些看法，何况端木一贯是我行我素呢。

> 第二天，蒋锡金不知从哪儿借来一张小床，放在他屋里，就要端木搬过去和他一起住了。

> 过了没多久，小金龙巷又搬来一位外号叫"鸽子姑娘"的女画家，是蒋锡金的朋友。由于萧红的特意安排，端木将小床让给女画家，这样端木又回到了初来时的状态，和萧军、萧红睡到了那张大床上。

这同居一室的状态对于今天的人们来说或许是不可理解的。从记述的情况来看，似乎也完全可以将两位女士安排在一个房间。而萧红这样安排的道理，是她或许想给蒋锡金和那位画家姑娘一些谈心的方便。这段"三人行"的描述反映了三人最初会面时相处的融洽状态。这种"三人行"的状态，尤其是三人曾经同住一室的短暂时期，即使从战时的考虑而言，也是有点超乎常理的。从后来相关人的回忆中，尤其是蒋锡金在回忆中一再强调与"鸽子姑娘"的友谊关系，以及"鸽子姑娘"实则是当时某队长的妻子的身份，安排"二萧"、端木蕻良同居一室和蒋锡金与"鸽子姑娘"的特意安排，则在某种层面上反映了战时青年浪漫的生活方式。但对于存在感情问题的"二萧"来说,萧红这种安排是否别有意味,她是否需要借助一个第三者来平衡他与萧军之间潜在的问题,造成一种悬置或淡化处理的方式呢,我们也不得而知。

就人性而言,日常的相处是有其特殊意义的。人与人之间,通过日常生活的相处,对彼此待人接物的方式、个人喜好、生活态度等等,均可以通过日常的相处投射出来,对于相处的不同个体,这种日常的相处也是最佳的彼此了解的方式。在"三人行"的阶段,萧红与端木蕻良之间好感日增,虽说有战时生活稍显窘迫的客观因素,但萧红显然非常愉快地度过了这段时间。端木蕻良称赞萧红的文学成就,萧红感到端木蕻良更尊重自己,而萧军极少赞扬萧红创作才华的,端木蕻良对她的支持,对于渴望得到平等和理解的萧红是非常重要的。

1938 年萧红与端木蕻良

从最初的"三人行"到二人确定感情关系,这些日常的相处必然发挥了重要的影响作用。虽然萧红在临终前对二人后来关系的不和谐及失望转而否定当初相识的好感,但他们曾经相处时的愉悦却是真实存在的。没有这种基础,两人关系不可能得到发展,当时端木对萧红表露出的尊重和理解是促使她作出选择的主要因素。

之后为了办刊物的方便,萧军和萧红从小金龙巷搬走了。

他们经常来这里聚会、讨

论。有时"二萧"一起过来,有时是萧红独自一人前来。萧红单独一人过来的时候,有时她也拉着端木一同去散步。通过这样密集和频繁的接触和交流,他们发现彼此有一些共同的兴趣和爱好。端木和萧红都学过绘画,他们交流着彼此的创作和理想,萧红表示自己只想能有个安静的环境写东西,当个好作家,这是她最大的愿望。而端木则表示他仍旧想当战地记者,只要有机会,他就走这条路。或许此时的"二萧"与端木蕻良之间,甚至萧红与端木蕻良之间也只是比较友好熟络的朋友,又或许萧红在与端木蕻良的交流中获得了更多的愉悦感或自信感,她也乐意与端木蕻良相处。此时二人的关系也只是最初的好感,尚未有明确的爱情迹象。但从萧红主动来端木处显然可以看出她对端木有着明显的好感。

据钟耀群记述,有一次,端木出去办事回来,看到桌上铺着纸,在一些行书草书中间,很明显地题了几句诗:"君知妾有夫,赠妾双明珠。感君明珠双泪垂,恨不相逢未嫁时。"最后一句重复练习了好几行。端木知道萧红又来练过字了。

萧红的题诗似乎有某种暗示,暗示萧红的感情心迹。但这首题诗似也包含另一重含义,即端木蕻良向萧红表明了心迹,而萧红因现实婚姻颇感遗憾。结合其他人,如聂绀弩、绿川英子、梅志等人关于萧红武汉时期生活的描述,端木蕻良则是非常主动地追求者,这与钟耀群撰写的记述强调二人关系中萧红是更主动一方有所不同。

但无论如何,萧红与端木蕻良之间相处的愉悦和快乐却是共同的事实。

钟耀群的描述中还有以下细节:

> 有时萧军过来后也到端木屋里来,提起毛笔在毛边纸、报纸上挥挥洒洒地练字写诗。有一次他边题、边念出声来:"瓜前不纳履,李下不整冠。叔嫂不亲授,君子防未然。"还写了"人未婚宜,情欲失半"八个大字。

这段叙述则显示出萧军对端木蕻良介入两人关系的不满。

萧红看见题字后,说萧军的字没有文人气,而萧军则反驳。如果这些记述是真实的,那么我们可以明显看出三人之间关系的微妙变化。即使萧红本人,也不否认这一时期她认识了端木蕻良之后内心的充实感和安全感,这种安全感是她对自己与萧军之间感情裂痕的安慰和平衡。

在骆宾基的《萧红小传》中,萧红是这样解释她与端木蕻良的关系的:

> 这时候,就是"冷淡"她也不容忍了。她已经有了另外的凭藉。实际上当时 T 君还在小金龙巷的寓所里。她向回家的路上走去,不须说,就是因为有着这个凭藉。他不只是尊敬她,而且大胆地赞美她的作品超过了萧军的成就。这正是萧红所要求的,这要求不是在对她作品的阿谀上,而是对萧军的轻蔑所含的她的社会特性上,她周围从来没有一个朋友对她表示的独特的友谊,象 T 君所表现得这样"坦白"而"直率"。

1938 年 1 月,藏云远从山西来到武汉,为当时阎锡山创业的民族革命大学招兵买马。在他的建议下,萧红等人打算前往革大。

藏云远在北京时,曾和端木都是"左联"成员,他们在红楼时同住过一间房,友情甚笃。抗战开始后,藏云远受民族革命大学之托,到武汉联络端木,请求端木介绍一些文化界较有名气的文化人,鼓动他们到山西临汾民族革命大学任教。端木当即告诉常来小金龙巷的萧军、萧红、聂绀弩、艾青、田间等,这些人中,除了蒋锡金要编他的刊物,胡风要留守编《七月》之外,其他人都打算去临汾民族革命大学就教。于是,这批文化人和为民大召来的许多学生,按计划安排,乘铁皮车向山西进发。当列车进入山西境内时,他们又换乘阎锡山在山西修建的小火车。

他们抵达民族革命大学后,端木蕻良被安置在一间老乡的屋子里,萧军、萧红、聂绀弩、艾青、田间都被分别安置在老乡家里居住。正当此时,丁玲领导的西北战地服务团也从潼关到达临汾,丁玲于是得以和这批青年作家汇合,相聚甚欢。

但是,时局很快又发生了变化,临汾又面临撤退,他们到哪里去,又成了必须讨论的话题。萧军和萧红就去哪儿的问题,产生了分歧。在撤退临汾的前夕,萧红突然要求端木和萧军和她一起走,萧军说要去打游击,萧红表示萧军性格太鲁莽,她不放心。端木还来不及表态,萧军就大声表示反对。

这时,聂绀弩走过来缓和气氛,拉着萧红走开了。此时的萧红或许只是对端木蕻良有好感,她依然关心萧军,关心萧军的安危,她不希望自己的爱人投身到吉凶未卜的战争中。萧红认为,作家的主要任务是创作,萧军则表示异议,他认为他更应该投身战争。萧军曾有从军的经历,虽然之后走上写作之路,但他的军人气质却是强烈的。尤其抗战的现实,更是燃起了萧军身上的战士热情。

西安时期,可以明显看出,萧红试图建立的和谐的三人关系实际上是不现实的,三人之间关系已经呈现出一种紧张状态,而萧军的粗暴或许更是将萧红情感的偏向推向另一面。

紧接着,他们随民族革命大学撤离临汾转往运城,萧军决定留下准备打游击,他们离开时,萧军到车站来送行,萧红没有表情地坐在车箱里,沉默无语。车开时,端木、聂绀弩等都挥手向萧军告别,萧红始终坐在那里没动。

在运城没多久,端木、萧红准备跟随丁玲的战地服务团从西安到延安去。

三、最后的决裂和新的恋情的开始

在西安,他们被安排在八路军办事处大院居住。端木、萧红、田间、聂绀弩等分住在高台阶上一排屋子里。在西安时期,萧红与端木的关系开始日益变得亲密起来,同行的聂绀弩则认为端木蕻良"似乎没有放松每一个接近她的机会"。在西安,萧红与端木的接近虽然遭到了聂绀弩等人的排斥和提醒,但萧红一方面附和这些友人的看法,给予端木"胆小鬼、势利鬼,马屁鬼,一天到晚在那里装腔作势"等负面评价;另一方面,她又与端木保持着密切的交往关系,显而易见,她在违心地附和朋友们。

西安这段时间,在钟耀群的记述中,似乎萧红的生活得比以前快活,也显得自由自在。以往萧军在生活中带给她的压力和不快由于萧军的离开得到了释放。在西安,萧红周围都是熟悉的朋友,端木蕻良对她表现出的尊重态度使两人之间好感迅速增温,加之周围有许多赏识她的文学才华的朋友,这样的氛围,无疑使萧红感到精神愉悦,没有萧军的生活使萧红走出了自己精神的阴影。因此在西安时期,萧红的性格也变得平和了,萧军带给她的紧张感和时时刻刻维护自我尊严的对立情绪显然随着周围人际环境的和谐自然地得到释放。钟耀群记述说,此时的萧红,和别人的交谈,虽然有时争论得也很激烈,但已没有赌气、逞强的味道。有了武汉、临汾时期友谊的铺垫,西安时期萧军的离开以及萧红和端木明显由友谊升级的感情,这个时期两人的交往更加频繁,而这对于一对陷入爱情的男女实属寻常。

钟耀群记述道:"萧红常常主动找端木谈创作,谈她想写的题材以及对写作的看法。也谈她的身世。她的祖父、她的二伯……"虽然这种记述过于琐细,或许有多年事后想象的成分,与聂绀弩叙述中谈及端木更加主动追逐萧红截然不同。但无论被动、主动与否,两人的关系更加密切无疑是客观的事实。

此时,由于丁玲有事要返回延安,同时,这些左翼作家也正在为他们何去何从而思虑,聂绀弩建议正好乘此机会随丁玲去延安,这也是战时大多数左翼作家的选择,他劝萧红、端木和他一起随丁玲去延安,但萧红表示异议。钟耀群传记中解释为萧红是为了回避萧军,因为据说萧军已到了延安,而且萧红要端木也别去。萧红的态度使本来极想去延安的端木,也打消了去的念头。

这段日子,萧红是快乐的,据钟耀群的传记,认为端木蕻良此时也只是将萧红当作一个亲切的大姐姐看待;而据聂绀弩的看法,则认为此时的端木则完全有了有力的条件,由于萧军不在场,他更加积极主动地向萧红示好,追求萧红。

葛浩文的《萧红传》则表示了其他看法。他指出,在武汉时,同为东北作家群一员的舒群,曾经建议萧红到延安去,但萧红表示异议。舒群的回忆中记述道:"萧红的态度是做一个无党无派的民主人士,她对政治斗争十分外行,在党派斗争的问题上,她总是同情失败的弱者,她一生始终不渝地崇拜的政治家只有孙中山先生。"

但在刚从临汾撤退之际,萧红在一封给朋友的信中说:"我现在到了运城,因为现在我是在民大教书了。运城是民大第三分校,这是我一个人来的,从这里也许到延安去。没有工作,是去那里看看,2月底从运城出发,大概3月5日到延安。"

葛浩文认为,对延安并没有特殊意图的萧红这时改变了以往的看法,只是因为此时萧军在延安,而萧红这时打算到延安去的原因,或许是想看看萧军。

结合临汾时萧红与萧军的分别,当时二人尚未决裂,短暂的分别之后,萧红转道西安,并未实现预想的延安之行。而在西安暂居的这段时间内,最终却突然在西安与萧军重逢,而这次重逢则使二人的关系彻底决裂。

临离开西安之前,萧红与端木的关系发展异常迅速。突然有一天,丁玲、聂绀弩从延安回来,萧军也与他们同行。萧军的突然出现令萧红颇感意外,这种意外或许折射出萧红本人对如何理性处理两人的关系尚缺乏细致考虑。

后来,萧军决定跟随丁玲去延安,萧红和端木决定回武汉。在回武汉的火车上,萧红向端木提出到武汉后,第一件事就是要在报上登与萧军分开的启事,端木则劝告萧红打消这个念头。萧红还表示她

左起:塞克、田间、聂绀弩、萧红、丁玲、端木蕻良,1938 年 3 月西安"西北战地服务团"住地

想到武汉把孩子打掉,端木知道这是萧红的心结,但他对这类事可是一窍不通,因此也只好不置可否。

在西安时,萧红就接到池田幸子从武汉来的信,邀她到武汉去,并约定在武汉等她。因此,车到武汉后,端木先将萧红送到池田幸子那儿暂住,自己就到武汉大学去找刘国英(端木三哥的未婚妻),以便向她父亲借些钱来。

刘国英表示端木可以住她父亲那儿,那里有空余房间。可端木想到萧红也住刘老太爷家不合适,便说先借点钱,然后再到小金龙巷看看房子空不空。他借了 20 元大洋,与萧红一起回到小金龙巷。蒋锡金热情地接待了他俩,并告诉他们原先的房子还空着,只是欠了几个月的房租,将房租补交后即可住进去。这样端木和萧红结婚的房子也有着落了。

萧红迫不及待地要蒋锡金帮她找医生打胎,蒋锡金得知萧红的情况,答应给她找医生,但终因胎儿已大,堕胎有生命危险而作罢。

1938 年 5 月,端木和萧红在汉口大同酒家结婚,主婚人由端木的三哥和其未婚妻的父亲担任,他们还邀请了胡风、艾青等友人,还有刘国英和她的武汉大学同学。两人都无意大办婚礼,只是需要向亲友表明他俩的关系。对于萧红和端木,正式婚姻都是非常必要的形式,萧红已有孕身,端木未婚,无论如何两人的同居都容易招来亲友的非议,结婚确实是一个向众人证明的最好方式,更加之二人当时处在热恋期,情之所至,遂由浪漫的爱情迅速过渡到婚姻。但浪漫的爱情与日常的婚姻是不同的,当二人坠入日常琐事时,萧红曾经颇以为然的尊重与理解是否能在现实中立足呢?

四、我好像命定了要一个人走!

战事日紧,武汉不断遭到轰炸,外地来武汉的文化人,纷纷都撤往重庆。罗烽、白朗和他们的母亲这时也在武汉,打算买船票去重庆。萧红打发端木去找罗烽,托罗烽也帮他们买两张船票,到时可以同行。但罗烽第一次只买到两张船票,于是让端木和萧红先走,但他俩觉得托人买票已经够麻烦别人了,更何况他们还有老人,因此让白朗和老太太先行出发。不日,罗烽又买到两张船票,到小金龙巷来告诉端木,建议萧红夫妇先走,他一个人好办。但萧红表示还是让罗峰先走,因为白朗和老太太已经到重庆了,需要他去照顾。

这样就需要确定端木与萧红谁先走的问题,端木建议萧红和罗烽先走,萧红却坚持让端木和罗烽先走,她说:"你和罗烽先走吧,我肚子这么大,和他一起走,万一有点什么事,他也不好照顾我。倒是你,要是我走了,你一人留在这儿,我还真有点不放心呢。"

适逢当天安娥来看萧红,表示她可以和萧红一起走,可以照顾萧红。安娥临走时,还请端木放心,说"萧红就交给我们了!"

　　罗烽也建议自己与端木先走,这样端木到重庆打个前站,以便萧红去后有落脚的地方,于是端木最终和罗烽先行离开。而之后事情又临时有变,原先打算护送萧红的安娥取消了去重庆的计划,萧红和冯乃超的夫人李声韵搭伴前往重庆。但在武昌时,李声韵由于吐血病倒了,在宜昌上岸住进了医院。萧红唯有一人到达码头,她没赶上预定的船只,只身一人等待下一班航船。由于在码头上不小心,还让绳索绊了一跤,历尽艰辛终于到达重庆。

　　这之中也有萧红自己性格中的因素影响,这也是两人关系一开始就出现的并不和谐的一面。她一方面是敏感的,渴望被爱和关怀,但同时她又有着顽强的个性,一方面倔强地坚持自我的独立身份,不愿意成为男人的附属品,这种矛盾的个性也是造成萧红自身悲剧性命运的因素之一。在二人的感情事件中,与萧军分手,确定与端木的关系均是由萧红主导的,端木被动地应对,两人仓促走到一起,均掩饰了某种潜在的不稳定性。这种萧红的主导性在他们以后的生活中必然会带来阴影。

　　而另一方面,在萧红与端木的关系中,萧红始终扮演着一个大姐姐的角色,她似乎试图扭转与萧军期间的关系结构,在那段关系中,萧红是作为被保护者的角色。而与端木蕻良的关系中,萧红显然是个主导者,而对于性格文弱,且从未有过恋爱经验,从小在养尊处优的环境中长大、缺乏照顾人的经验和能力的端木蕻良来说,显然对这种男女关系是参不透的,他只是听从萧红的建议和劝告,而并未去深思这背后的深意。关于这段经验,两人的记忆显然反差太大。钟耀群在回忆中对两人的关系这样归纳:"端木知道,不管大小事,只要萧红执意要按她的主张办,是怎么也拗不过她的。"

　　端木和罗烽到重庆后,罗烽将江津地址写给端木,并告诉端木如果重庆找不到落脚之地,可去江津找他,随即罗烽就去江津了。

　　没有几天,曹靖华坐周恩来的汽车从武汉来重庆了,端木以为萧红也会来的,谁知曹靖华说,在武汉的时候曾问胡风,和鲁迅关系近的人还有谁没走,可以坐这车一起走。胡风明知萧红没走,却说都走了,没人了……

以上叙述是根据端木蕻良夫人钟耀群在其《端木与萧红》一书所述。这段经历在萧红和当时左翼文人的回忆中则是截然不同的。

对于这段经历,萧红本人是极为不快的,临终之际在她与骆宾基的笔谈中,将之作为对端木不满的开始讲述,表现出对端木失望的情绪。

依据《萧红小传》,萧红本人的讲述则为:

两人确定关系重返武汉后,端木蕻良一直做着战地记者的梦,并开始与某报社接洽,准备上前线。这种想法,与萧红刚与之分手的萧军想去前线打仗如出一辙,他们都丝毫没有考虑自己感情与生活的伴侣将何去何从的问题。萧红这时一定感到了悔意,而且她还是有孕之身,如何应对都是问题。

某一天,梅林从武汉乘船过江,在舱口里,发现萧红一个人披着斗篷坐在那里。

"怎么,你一个人呢?"

"一个人不好过江吗?"萧红和梅林谈天,得知梅林要和罗峰订票入川的事后,她突然神色焕发地说:"那我们一起走,好吗?"

"你一个人吗?"

"一个人。"她说,"我到哪里去不都是一个人呢?"

"这要和端木商量商量。"

"为什么要和端木商量呢?"

萧红对梅林的态度表现出的不满,似乎出自她敏感的女性意识。而事实上,这实在是她无奈与无言的情感显露。端木蕻良忙于自己的事情,无暇顾及萧红,被忽略的萧红只好为自己筹谋,而作为朋友的梅林出于日常人情,自然认为已经新婚的两人自然应该一起行动,他哪里知道此时萧红已经亲身体验着这段感情带给她的伤害。

然而出人意料的事情还在之后。当船票到手之后,端木蕻良要求梅林让他上船,告诉梅林萧红不打算先走,要留下来一段日子另外等船。他将船票据为己有,与梅林、罗峰一道离开。

萧红只能独自一人寻找住处,解决相关事宜。

日军开始进攻武汉,小金龙巷已经不安全了,萧红急需找一个安全的住处。她把蒋锡金的被褥等打了个铺盖卷,带上小提箱,雇了人力车去找汉口三街中华全国文艺界抗敌协会所在地的蒋锡金。

蒋锡金问她:"端木呢?"

"去重庆了。"

"怎么没带你走?"

"为什么我要他带?"

在诸多传记中,都将这一场景的对话解读为萧红对友人语言中的男性立场的不快。在笔者看来,这更似萧红悲愤的反驳。理应带她离开的人自己先走了,她剩下的唯有需要坚持的女性自尊。

蒋锡金向萧红解释文协的住房情况,整栋房子其他房间都已占有,萧红表示她住在走廊楼梯口的地板也行,只需买条席子。她就这样住了下来。这时的萧红囊空如洗,老朋友高原来看望他,将他身上仅有的五元钱留给萧红。蒋锡金得知萧红一文不名的状态时,也颇为担心,他到生活书店向曹谷冰借了一百元,又从读书生活社黄洛峰处借了五十元,交给萧红,告诫她好好保存以供她逃难时用。同时,他又去找冯乃超商议,表示萧红孤身一人留在武汉不妥,需要想办法把萧红送走。冯乃超表示过几天萧红可以和他的妻子李声韵一起结伴去重庆。

关于钟著所述萧红要与曹靖华搭乘周恩来的汽车从武汉前往重庆,而胡风却捏造萧红走了导致萧红滞留的说法,曹靖华在其"自叙经历"(河南出版社出版的《曹靖华》一书第45、47页),细致记述了他当时从汉中到重庆的细节,与钟耀群记述明显不同:

同年7月(1938年7月)国民党教育部下令改组西北联大校委会,先后增派CC分子胡庶华、张北海为校委,校内掀起反对教育 CC 化、法西斯化的声势浩大的运动,全校师生与胡庶华等展开面对面的斗争,要求民主自由,一致对外,一致抗日。

正在这时,我突然接到武汉电报,便赶往武汉见周恩来同志,恩来同志要我到武汉工作。我当即表示服从调派,但需回汉中作些安排。不料回到汉中适逢陈立夫亲临联大处理"学潮",勒令校内禁止宣讲马列及开设俄语课程,引起师生公愤,推举我与彭迪先、韩幽桐等几位教授与当局展开面对面的斗争,一时无法脱身赴武汉。(10 月 25 日,日军攻占武汉)……

1939 年底举家乘敞蓬卡车沿"难于上青天"的蜀道日夜兼程,……历经一周颠簸到达广元,之后经成都抵达重庆。……

曹靖华的记述明确表明,他是由其任教的"西北联大"所在地汉中举家搬迁至重庆的,且时间已是在一年多以后。那么关于钟著中所说萧红要与曹靖华搭乘周恩来的汽车离开武汉前往重庆的说法纯属子虚乌有,对胡风的指责也是空穴来风。

在端木蕻良侄子曹革成所著《我的婶婶萧红》(时代文艺出版社 2005 年 1 月版)一书第 238 页,依旧借用端木蕻良的说法重复了钟耀群对胡风的这一"愤怒"指责。实则放大了事件当事人当时被"二萧"友人排斥的不满。萧红与端木蕻良的关系,确实一开始并不被他们认同,如胡风对萧红与端木的关系发展过于迅速提出过劝诫,甚至舒群、梅林等均对萧红进行过批评。

在这段等待的日子里,萧红虽然在极为窘迫的状态下生活,她竟然还保持着非常乐观的状态。据孔罗逊的回忆,由于敌机频繁轰炸,文协的人大都内迁,空置的房子就变成了还在留守的左翼文人们聚会的场所,他们有时还煮点咖啡,开个有趣的晚会。萧红兴致好的时候,买来牛肉、包菜、土豆、番茄,烧好一锅汤,与朋友们一起享用。

在这样的聚会时刻,吃完晚餐,便开始惬意的闲谈。

萧红独自吸着烟,畅谈着她的计划和梦想。

她说:"人需要为着一种理想而活着。"这时,烟雾弥漫在她的眼前,点缀着她神秘的幻想。

"即使是日常生活中很琐细的小事,也应该有理想。"

李声韵默默地笑着,孔罗逊躺在租来的长沙发上,享受着这惬意的时刻,说道:"那么,我们就来谈谈最小的理想吧。"

萧红说:"我提议,我们到重庆以后,开一座文艺咖啡馆,你们赞成吧。"

她进而一本正经地说:"作家生活太苦,需要有调剂。我们的文艺咖啡馆一定要有最漂亮、最舒适的设备,比方:灯光、壁饰、座位、台布、桌上的摆设、使用的器皿等等。……而且我们要选择最好的音乐,使客人得到休息。哦,总之,这是一个可以使作家感觉到最能休息的地方。"

这个惬意的片刻,萧红的憧憬与现实有着多么巨大的反差!她,一个孕妇,一个被新婚的丈夫不管不顾,只能困守武汉等待时机离开的状态,依然有乐观的心境与友人畅想未来。而沉痛的现实却昭示着,她的幻想越美,越映衬出她内心中隐忍的伤痛越深。因此,这时的萧红有时像个刺猬,对友人批评反应过激,即她所述的"友情封锁"。

关于萧红感受的"友情封锁"在骆宾基的《萧红小传》中是这样记述的:

> 当S在她最初安身的武汉旅馆里探访的时候,就作着下面的忠告:"你离开萧军,朋友们是并不反对的。可是你不能一个人独立地生活么?"
>
> "我为什么要一个人独立地生活呢?因为我是女人么?"萧红说,"我是不管朋友们有什么意见的,我不能为朋友们的理想方式去生活,我自己有我自己的生活方式。"

这个场景中,萧红对友人对她的批评有着明显的抵触情绪,她敏感于自己身上柔弱的女性气质,也为自己渴望得到感情的庇护辩护。这种对庇护的寻求是根植于萧红内心深处的情结。

梅林也有这样的一段回忆：

1938 年 1 月，萧军、萧红、艾青、田间去山西临汾民大，4 月间我听到"二萧"分开的消息：萧军去兰州；萧红回到武汉来，同她的朋友一道，住在武昌小金龙巷——从前"二萧"住的那间房子。

我不常去看她，对于那间房子我有着不必要的联想；大半是她同朋友来我这里闲谈，或者偶然地一同去蛇山散步。

"是因为我对自己的生活处理得不好么？"有一次她自己看见我时，如此突兀地说。

"这是你自己个人的事。"

"那么，你为什么用那种眼色看我？"

"什么眼色？"

"那种不坦直的，大有含蓄的眼色。"

我漠然。

萧红与端木走到一起后，她本身也是敏感的。萧红对梅林的态度感到不解，认为梅林的眼色别有意味，就梅林的角度来看，其实只是梅林在"二萧"关系变化后尚未适应这种萧红新感情的状态。毕竟朋友圈中熟悉的萧军被他们并不喜欢的端木代替，情感和心理上感到不适原属正常现象。萧红对此事的敏感从另一个侧面反映出萧红考虑问题的单纯视角，她希望自己的新感情能迅速得到昔日朋友们的认可，但她的这些友人自然有他们看问题的立场。"旁观者清"，或许他们更能站在客观的立场看到问题的本质所在。

从萧红与端木关系的发展来看，她虽然遭到周围友人的批评，但他们均出于真诚的关心，希望萧红能够慎重处理感情事件，原也无可厚非。因此总体来说，友情的封锁更多是萧红过于敏感的过度反应。事实上，她继续与这些友人保持着友谊。

五、重庆生活

端木蕻良到达重庆后在战时的复旦大学任教,复旦大学教务长孙寒冰暂时安排端木先住在昌平街黎明书店楼上的单身宿舍。因为单身宿舍不能安置家属,端木为安置萧红来重庆后寻找可能的住处,他询问他的亲戚范士荣(端木二嫂的妹夫范士奎的弟弟)处是否可行,范士荣表示同意。

端木蕻良随即写信告诉萧红范士荣家的地址。没有几天,他收到萧红的回信,说冯乃超为她和他夫人李声韵买了票,她们一起来重庆,船名船号都写了。范士荣太太为萧红腾出了一间小屋。但原定同行的李声韵突然病倒被送进医院,这样萧红只能一人前行,经湖北宜昌时,她在码头上跌了一跤,倒下之后几次挣扎未能起身,被一个船夫扶起。9 月中旬她才自己一个人冒着危险到达重庆。在重庆遇到先期与端木到达重庆的梅林,萧红说:"我总是一个人走路,以前在东北,到了上海后去日本,现在到重庆,都是我自己一个人在走路。我好像命定了要一个人走路似的……"

几天后,端木通过友人找到了一个两人的住处,他租了一间房,在歌乐山云顶寺下面的"乡村建设"招待所的楼上。然后他将萧红接过去,两人暂时安顿下来。但不久,他们发现房子里闹耗子,又加之这个地方使端木工作非常不便:他每天上午需从歌乐山乘船到黄角树的复旦大学,而乘船的人又多、超载,常常有翻船事故,非常不安全,路途遥远,且交通也不便利。因此,端木便征求孙寒冰的意见,是否能为他俩寻找一处离复旦大学比较近的房子?

在孙寒冰的帮助下,他们搬到北碚黄角树镇山下的两间房。然而,又有新的问题出现,由于萧红眼看要临产,而住地离市区比较远,尤其是附近又没有医院,萧红如要生产显然需要先做准备,显然此处的条件匮乏,不适宜作为萧红生产时的准备之地。在这种情况下,必须另作考虑和准备才行。而端木作为初婚的青年男子,又加之养尊处优的少年生活,在生活上显然缺乏照顾和护理的经验。因此他们刚搬到这里没几天,出于这些考虑,萧红建议她可以到江津的白朗家去生产,这样可以得到有经验的白朗和家人的帮助和照应。端木也觉得可行,因此写信给白朗征询意见,很快就接到白朗的回信,欢迎萧红过去,于是这个临产时的居住和护理问题得到了解决。

1938年11月,萧红只身一人赶到江津白朗家。这在钟耀群的记述中被解释为:端木本来打算护送萧红去江津白朗处,但是萧红却坚持以端木教课、编务事务繁忙脱不开身,而目的地江津那边有罗烽可以接她,并无不便,否定了端木前往陪同的计划;而端木拗不过萧红,于是同意了这个计划。之后端木为萧红收拾东西,买好船票,为萧红叫了"滑竿"送她到了码头。

这段叙述在笔者看来真是匪夷所思,萧红这时作为一个快临产的孕妇,当然需要随时有人关照,但她竟然反对端木护送自己到江津去,于情于理皆无可能。而钟耀群这种违反常理的记述或许恰恰反映了端木对萧红态度的漠然。她并非不需要身边有个能够陪同她和给予关照的人,尤其是在已有身孕的情况下,她一个人只身前往只是因为她并不能得到应有的关照,而不得不一个人前行的无奈状况。

在临产前白朗将她送到医院,生下一个健康的孩子,但三天后孩子死亡。白朗着急地要去找院方评理,但萧红却反应冷淡。这个蹊跷的事件显然似乎有不可解释的成分(据白朗的女儿玉良的文章回忆,萧红在生下孩子后,曾因牙疼向白朗要止痛片,白朗将德国产的"加当片"给了萧红,这是比止痛片厉害得多的镇痛药。第二天一早,白朗去医院看萧红时,萧红告诉白朗孩子晚上抽风死了)。

钟耀群所著传记对这一事件的记述,则为:端木写了一封慰问信,告诉萧红他在找房子,准备给她安置一个安静的家,"轻装"回来就可以投入创作了。以"轻装"隐喻孩子之死,还可以投入创作,似乎没有丝毫因孩子之死对萧红心理打击和痛苦的理解。经历了身心双重痛苦的萧红需要的更应该是休息和放松,平复自己的心情,才可能恢复正常,开始写作。

萧红生产之后,医院只有她一个孕妇,她害怕一个人呆着,闹着要出院,但白朗房东迷信,按照当地的旧俗,未出满月的女子是有邪气的,住在家里不吉利。如果要住的话,要在房里铺满红布。白朗无计可施,只好买了船票,把萧红送到去重庆的船上。她依然一个人拖着痛苦和失望的身体回到了重庆。

这之后的 12 月,萧红的日籍好友池田幸子从桂林来到重庆,住在歌乐山附近,萧红搬去和她同住,直到 1939 年春。在这段时间里,萧红的身体得到了恢复,心情也变得好多了。绿川英子回忆萧红和她的女性好友们喝酒,抽烟,唱歌,聊天,尤其喜欢与她的闺中密友池田幸子聊天。这一时期萧红写作甚勤,她后来印行的散文集很多都是 1939 年春歌乐山时期的作品。

钟著记述萧红与端木的生活状况如下:

> 一个多月以后,端木接到萧红即将归来的信后,着实尽他最大的努力,将新搬入的房子布置了一下。买了两把竹子编的沙发椅,一个竹茶几,一个竹书架;用竹笔筒装水,插了几朵菊花……自觉挺得意。换了一身干净西服,想到天凉了,还拿了一条围巾,就去码头接萧红了。

> 远远地,端木就看见萧红披了一件红格外衣扶着栏杆往岸上看。

> 端木连忙挥舞起围巾,终于使萧红看到了。靠岸的时间并不长,但对他俩目前的心情来讲太慢太慢了……

> 萧红气色挺好,脸色白里透红。端木迫不及待地从人流中挤上扶梯,一手接过萧红手上的包,一手紧拉着萧红的手,恨不得当时就拥抱她……

端木与萧红自从在武汉结婚以来,直到萧红在江津生产以后回到重庆,他俩才开始了真正的"蜜月"生活。

关于重庆时期两人关系的状态,曹靖华在回忆中有这样的记述,或许从某个微小的侧面折射出二人关系的某些方面。

一次,萧红与端木蕻良去看望曹靖华,曹靖华注意到端木蕻良的原稿上却是萧红的字迹,便问萧红:"为什么像是你的字呢?"

"我抄的……"萧红说。

"你不能给他抄稿子! 他怎么能让你给他抄稿子呢? 不能再这样。"曹靖华先生坦率地说。

对这个细节,骆宾基在《萧红小传》中也有所记述,他表达了这样的情绪:

这是为萧红惋惜,因为谁都知道,端木蕻良与萧红的艺术才华,是不能同日而语的。这就是真实,因为真实,我心里有一种想哭的悲愤。生存用这种方式惩罚这个小小弱弱对爱的依附吗?

萧红与端木蕻良再次走到一起之后,他们继续住在北碚黄角树镇的"秉庄"。但从许多人的回忆中可以看出,这之后的萧红很少去拜访朋友,直至二人去了香港(未通知大多数友人)。萧红这段时期的生活对于很多友人来说是难以理解的。

萧红与端木蕻良的感情变化,或分或合的重庆时期,说明萧红那时试图考虑如何处理与端木蕻良的感情关系。但最终,经过一段时间的暂时分居后,她还是选择了与端木继续下去。

关于这一点,萧红病中陪护她的东北友人骆宾基曾经与萧红讨论过这一问题。如:

据说,C君曾经问过萧红:"你到重庆以后,曾经想离开 T,另换一种生活方式么?"

"想是想的,可是我周围没有一个真挚的朋友,……因为我是女人,男人与男人之间是不是有一种友爱呢?"

"有是有的,不过也很少。不是古人也说过么,人生难逢一知己。这也许就是这个社会的冷酷性……为什么必定要男人的友爱呢!"

"因为社会关系都是在男人身上……今天在哪里都是有封建这个坏力量存在的……"

在绿川英子的回忆中,她对端木从不在公开场合承认与萧红已经结婚而感到不平;在骆宾基的记述中,则表示萧红最初不承认与端木的同居关系,并以绿川英子的记述为证,显然是明显的误读。对照萧红孤身一人前往重庆等事实以及萧红在回答骆宾基的问题时强调传统文化积习造成的女人的依附性,这与"二萧"分手前萧红与聂绀弩之间的谈话何其相似,她直言"女性的天空是低的"。她并非能如大鹏展翅一般可以翱翔天空,情感的依赖是萧红致命的弱点。因此,为了虚幻的爱情,萧红妥协了,从这一点我们或许可以得出较为合理的结论。

此外,萧红向骆宾基解释她与端木继续的另一个原因:端木给了她一个希望,那就是她可以到北平他三哥那里去养病,她不必发愁搁笔之后的生活,她可以恢复健康的身体。端木的这番话让萧红觉得这世界上仿佛只有他关注着她的健康,她的生命中还没有人这样关注她。这希望蛊惑着她。

> 她是多么需要健康,需要安定,需要休息,需要暂时退伍,需要"找个深林去舔舐自己的伤口"。这伤口是满身都有的,不只是精神上的伤。她只是在"射击"中忘却了她的身上正在流着血,在精神的过度昂奋中,她也顾不及检视身上的伤口,然而现在她从梦幻般的状态中注意到自己体质的疲劳而且浑身潜伏着的病了。这北平的"深林"是可以庇护她的。萧红依靠这一希望,她在世界上只有这一个庇护的憧憬。然而,她另外还在进行于心不甘的试探。

然而现实中,这个期待却一再碰壁,始终未能实现。

六、香港时期

关于香港之行的原因,钟耀群的著作是这样记述的:

彼时,戴望舒在香港,主持《星岛日报》副刊《星座》,来信向端木、萧红约稿,并强调最好是长篇小说,以便连载。端木早有想法蕴酿要写中国的"带枪的人",写新人的成长,因为抗战第一枪,就是上海闸北的一位士兵自发打响的,端木认为这是人民战斗呼声的爆发。

连载的文章需要时时写作,因生病,端木眼看《大江》连载续不上了,便要写信告诉戴望舒,登个肩章说"作者因病暂停"。但萧红建议他还是不要暂停,表示她可以续写。萧红为了续写端木蕻良的《大江》,认真做了准备,她从头看了一遍已经发表的部分,与端木商量了自己的想法,得到端木的认可,便由萧红续写了下去。直到端木能起床工作,萧红才停笔。

香港《大公报》杨刚也来信请求端木写长篇小说,准备在《大公报》副刊上连载,端木也答应下来。这就促使他的另一个长篇小说《新都花絮》诞生了。

这段时间,重庆的局势也很危急,敌机随着逃难的人群轰炸,五六月间更是变本加厉。在这种情势下,端木与萧红打算离开重庆。那时艾青已经去了桂林,端木就和萧红商量,是不是也去桂林。萧红不赞成去桂林,说在那儿也免不了遭到敌机轰炸,不能安定写作。她说不如去香港,那里《大江》正在连载,有稿费,至少生活不成问题。端木也觉得对,但也考虑到内地抗战正热火朝天,去香港是否合适。萧红觉得一个作家最重要的是能写出作品来贡献,其他都不是主要的。

从 1988 年 10 月端木蕻良在香港《龙之渊》发表的文章《萧红和创作》及钟耀群的传记记述来看,去香港是萧红的建议,端木和萧红还就去香港还是桂林征询过时任《新华日报》主编华岗的意见。华岗表示香港文坛非常需要文化人，但经济保证则非常必要，萧红表示她和端木在香港都有文章发表，经济保证是可靠的，遂有了之后两人的香港之行。

对于萧红昔日友人来说"谜一样"的香港之行，开始了萧红香港时期的最后生命阶段。

1940年1月18日，端木从萧红那里拿了需要兑换港币买飞机票的钱，到袁东依那里换了港币买两张飞香港的机票。他们告诉了几个有限的朋友后，就离开重庆飞往香港。

对于二人秘密飞往香港，很多友人表达了不解。从胡风、靳以到绿川英子都疑惑于萧红何以不辞而别。萧红在重庆临江门遇到梅林时提到了几天后飞往香港的计划，但她叮嘱梅林不要告诉他人。萧红离开后，熟人圈里对这件事情议论纷纷，萧红写信解释他们去香港只是希望找个安静的地方写作。

到达香港后，他们先住在九龙尖沙咀金巴利道纳士佛台一间相当大的楼房，呈向南的格局，前面是一个大阳台，空气很好，对萧红的身体也大有益处。楼房主人是一位能说几句国语的年轻小姐，家人在南沙群岛作买卖，家具都是现成的。

端木和萧红安顿好后，便出门去熟悉周围环境，遇见戴望舒。尽管这是他们第一次见面，但由于文笔之交，因此见面后很快如多年老友般亲切了。他们一起出去吃了饭，并约好次日一早，戴望舒接端木、萧红二人到他的住所参观。戴望舒还表示，他将在报上发布他们到港的消息，并授意文协分会准备欢迎会事宜。

不久以后，孙寒冰来港办事，告诉端木，大时代书店隔壁已腾出了房子，同在尖沙咀金巴利道纳士佛台，希望他和萧红能搬过去，这样对编"大时代丛书"也有许多方便。萧红因不喜欢房东小姐，立刻就同意了。

九龙尖沙咀金巴利道纳士佛台二号二楼，一间不到20平米的房间,房子对面是《经济杂志》主编许丰初的办公室,许不常来上班,有电话可以使用,许的办公室还可做接待之用,就像是他们的客房一样方便。端木和萧红都比较满意。他们请了一个计时保姆,按时来打扫卫生。

萧红这一时期开始写作《呼兰河传》,钟著记述其小说命名的来由,说明萧红在与端木商量后,听从了端木的建议后确定的。

1940年2月,中华全国文艺界抗敌协会香港分会在大东酒店举行会餐会,邀请端木和萧红介绍重庆开展抗战文化的情况。4月末,端木和萧红参加中华全国文艺界抗敌协会香港分会第二届年会,端木被选为候补理事,和施存统一起负责文化研究班的工作,并应邀参加岭南大学组织的"艺文社",谈抗战文艺的一些问题。

端木和萧红都热衷于创作,不愿出去参加什么活动。但宣传抗日的责任又迫使他们不得不去参加。他们到香港后,不用跑警报,不用担心逃难,觉得比较安静,思想里早就蕴酿要写的题材,就像开了闸的水一样奔流出来。他们白天出去参加活动,晚上就开夜车写文章,彼此把自己的时间挤得满满的,忙得连喘口气的时间都没有。彼此的体质又都不好,有时端木白天要参加各种会,常常早上出去,要到深夜才能回来。萧红独自在家写东西,广东保姆的语言又不通,常常连个说话的人都没有,觉得有些寂寞。她常和端木说,还不如回内地好。

端木也觉得香港尽管目前没有战争,但和抗战气氛热气腾腾的内地比起来,也还是有些孤寂的。5月得知重庆大轰炸,孙寒冰不幸遇难,端木和萧红深为悲痛,端木写诗文痛悼这位为抗战文化事业奔波不辞辛劳的战友,更加深了要回内地的念头。

初到香港的萧红,由于端木忙于各种活动,无暇照顾到萧红的情绪,而她又初到一个人地生疏的地方,内心的孤独和寂寞感可想而知。不久香港气氛变得紧张,萧红便写信给重庆的梅林说打算买机票回重庆,但终未成行。她在给白朗的信中述及香港生活的孤独,倒似乎表明萧红对香港之行并不曾有认真理智的思虑。萧红并非第一次远行,她有过独自一人去往异地(日本)的经验,对异地生活是有可以预见的基本常识的。而她初到香港感受的不快并非仅仅是身处异地的不适感,更突出的或许是孤独感。在给白朗的信中,情绪极为低落,她表示与昔日朋友的隔绝令她感到孤独和抑郁;在她7月给"园兄"的信中,提及胡风写信告诉许广平,对她秘密飞港行止诡秘的说法感到不满。她觉得自己被朋友们疏远了。而在这件事情上,萧红与端木对许多昔日朋友不告而别的做法也确实引发了朋友们的不解和疑虑。

萧红给华岗写信咨询意见,很快接到华岗回信。华岗认为香港也非久留安居之地,因之,端木和萧红仍在考虑往哪儿去的问题。茅盾在回忆萧红的文章中谈道:

> ……可是我不知道她之所以想离开香港,因为她在香港的生活是寂寞的,心境是寂寞的,她是希望由于离开香港而解脱那可怕的寂寞,并且我也想不到她那时的心境会这样寂寞。那时正在皖南事变以后,国内文化人大批跑到香港,造成了香港文化界空前的活跃,在这样环境中,而萧红会感到寂寞是难以索解的。等到我知道了而且也理解了这一切的时候,萧红埋在浅水湾已经快一年了。

实际上,根据萧红和端木蕻良在香港时期忙碌地参加各类文化界活动的状况来看,她的寂寞并非指这些活动,而是缺乏熟悉的友人的交流。泛泛的活动固然可解一时之寂寞,但内心的寂寞与孤独却并非能够通过泛泛的活动就能得到索解,这其实是萧红对自己寂寥的感情生活的失望和不快蔓延而生的忧郁与孤独感。

1940年6月,香港文协筹办纪念鲁迅先生诞辰60周年大会,《大公报》记者杨刚来找萧红,请求萧红写作一个剧本,用以排练演出以纪念鲁迅。

在端木的建议下,萧红接受了写一个哑剧的看法。哑剧写成后,端木建议以《民族瑰——鲁迅》命名，萧红很赞成。1940 年 8 月 3 日，香港文艺界联合举办纪念鲁迅先生诞辰 60 周年大会，萧红在大会上介绍了鲁迅先生的生平事迹，晚上演出根据哑剧《民族魂——鲁迅》编排的大型节目及话剧《阿 Q 正传》等。10 月 19 日，端木、萧红又参加鲁迅先生逝世四周年纪念会。10 日至 31 日，《民族魂》以萧红的名义在《大公报》副刊连载。端木的《略论民族魂》也在《星岛日报》发表。

1940 年 11 月前后，端木、萧红结识了"国兴社"社长胡愈之。通过胡愈之的介绍，他们与江北民主运动活动家周鲸文相识。周鲸文是香港颇具影响的杂志《时代批评》及"时代书局"的主人。作为留港的东北民主运动领袖，他想筹办文艺刊物，因此请刚结识的端木蕻良担任《时代文学》的主编。与此同时，欲筹建《时代妇女》杂志，邀请萧红任主编，萧红以身体不好推辞。

周鲸文具有典型东北人的性格，豪迈，讲义气。他在香港丰山有一幢房子，经常邀请朋友到他家喝咖啡、饮茶、聊天。朋友有困难时，即解囊相助。周喜欢结识文化界人士，端木蕻良和萧红也常常被他邀请到家里饮茶、吃便饭。

作为比较了解端木蕻良、萧红二人香港时期生活的周鲸文，相对能对二人香港时期的生活有较为具体实际的描述和看法。周鲸文回忆二人在香港时期的感情状况时说："两人的感情并不虚假，端木是文人气质，身体文弱，又是母亲最小的儿子，养成了'娇'的习性，先天有懦弱的成分。而萧红小时没得到母爱，很年轻就跑出了家，她是具有坚强的性格，而处处又需求支持与爱。这两种性格凑在一起，都有所需求，而彼此都在动荡的年代，都得不到对方给予的满足。"

这段说明客观地指出了端木蕻良和萧红之间性格的矛盾性，揭示了端木蕻良和萧红感情生活的症结。一面是在养尊处优中成长的端木蕻良，他缺乏关心和照顾他人的意识和能力；而另一面是精神敏感和身体病弱的萧红，她需要一个在心智和体魄上都富有承担和责

1940 年萧红在香港

任意识的雄强的男性给予她安宁的庇护。他们由于各自的性格和生活经验的差异,无法给予对方满足。

而初到香港,异地生活的不适,更是将两人的不和谐彰显出来。虽然端木、萧红初到香港已为《星岛日报》和《时代批评》写稿,但生活还是很困难。直到端木担任了《时代文学》的编辑工作后,生活状况才有所好转。

七、文学同行

钟耀群在《端木与萧红》中记述了两人香港时期生活的一些细

节,这些细节对于了解两人的香港生活状况是颇有助益的。端木到达香港后,在组稿、编辑"大时代丛书"的同时,也在负责编辑《时代文学》。《时代文学》是纯文学刊物,比起其他事务,能投入心力做纯文学显然令端木更期待,这是一个可以让他的抱负和才华能够充分施展的地方。

在编辑《时代文学》时,端木设想如果将世界著名人物的头像,编选在杂志中,使读者对这些作家既有直观的感受,又有对他们作品的深入理解和思考。端木首先想向读者介绍中国的鲁迅,然后是高尔基、萧伯纳、茅盾、左拉、果戈理、伯林斯基、恩格斯、歌德、海涅、普希金、华盛顿·欧文、契柯夫、肖洛霍夫……但这些世界名人头像,要找画家画,首先得有资料。

香港是个商业城市,这些文化资料是比较匮乏的,因此要寻找相关的这些图片资料并不容易。萧红积极地在为端木想办法、出主意,后来她终于在《世界文库》的扉页上,找到这些名人头像。但头像的尺寸太小,更加之时间紧迫,临时找画家负责画作已来不及,端木决定自己亲为。端木蕻良在南开中学读书时,参加过美术学会,学过素描,有绘画的基础,因此完成这个任务并不困难。为了协助端木完成工作,萧红特意为他买了放大镜,便于看清肖像细节。而对于同样有绘画才能的萧红和端木来说,这个任务也增添了他们生活的些许乐趣。

萧红请求端木为她的新作《小城三月》画插图。端木当然乐意,但他对小说里面的哈尔滨不熟悉,不知从哪儿下手,萧红就把自己的构想告诉他,要他画一架在大路上奔走的马车,再画一幅书中女主人公深情站在松花江畔,对岸则为景色相近处的啤酒桶。端木略略思考了一下,提起笔就在纸上画了起来。萧红一直在旁边看着,待端木画完停笔打量的时候,她就从端木手里拿过笔,顺着马车及奔走的走向,题了篇名《小城三月》,并签了"萧红"两个字。年底,端木要在《时代批评》上发表他赶写的《科尔沁前史》,萧红则主动为他题写了篇名。

萧红在重庆的时候,就酝酿写《马伯乐》。这本书原题是《马先生》,端木觉得不够好,便建议改成《马伯乐》了。

以上为钟著所述萧红与端木蕻良 1940 年在香港的生活场景,钟著中颇描画了一些两人文学事业上相互扶持的和谐一幕。

1940 年萧红写作非常努力,她完成了两部长篇小说《马伯乐》和《呼兰河传》。加上应《大公报》记者杨刚之邀写作的四幕哑剧《民族魂——鲁迅》以及短篇小说《后花园》等。而此时的萧红,她的身体已经出现了衰退的迹象:初来香港心情的抑郁与工作的劳顿,加之二人最初生活的辛苦,萧红羸弱的身体原本就存在的问题,随之明显反映出来,她的身体出现了咳嗽、发烧的症状。

钟耀群的记述强调萧红对于身体的病变并不在意。在记述中,似乎倒认为萧红任性,置自己的身体状况于不顾,拒绝吃药。

而对两人香港时期生活比较熟悉的周鲸文则在《忆萧红》(1975《时代批评》33 卷 12 期)中记述了一个细节:"在 1940 年的圣诞节前夕,萧红一个人带一个圣诞糕来我家,她走了一段山坡路和升登楼梯,累得她呼吸紧张,到屋里坐了一会儿才平复了。我体会到,她身体很弱,事后,我和内人讨论过,为什么端木不陪她来,让她一个人跋涉走这么远的路。由此,我们开始注意端木和萧红的关系。"并由一年的观察描述了两人的关系状况:"一年的时间,我们得到一种印象,端木对萧红不大关心,我们也有种解释:端木虽系男人,但像小孩子,没有大丈夫气。萧红虽系女人,性情坚强,倒有些男人气质,我们的结论是:端木与萧红的结合,操主动权的也许是萧红。但这也不是说,端木不聪明,他也有一种软中硬的方法。端木与我们往来较烦,但我们在精神上却同情萧红。"

1941 年 2 月,因为端木、萧红住的尖沙咀金巴利道纳士佛台三号要调整房子,他们就搬到尖沙咀乐道八号,时代书店二楼一间房子里。

2 月 1 日，香港文协分会在思豪大酒店开茶会，以欢迎史沫特莱、夏衍、范长江等来港，请求萧红担任主持人。萧红与史沫特莱于 20 世纪 30 年代在鲁迅先生家中见过，这次由萧红来主持，她只是作了礼节性的欢迎致辞。

不久以后，史沫特莱突然到九龙乐道八号拜访端木与萧红。当她走进二人的居处后，惊讶于他们住房条件的简陋，尤其是当她发现萧红身体的衰弱状况后，极力邀请萧红去她所居住的香港主教罗纳德·霍尔的别墅"玫瑰谷"去一起住一些时间，她希望那里的阳光和空气能使萧红的身体得到恢复。

同时，史沫特莱建议萧红去医院看病治疗，而她也打算回美国去治病。她通过何鸣华主教，联系了玛丽皇后医院，所以有一定的优惠，随时都可以去检查、治病、住院。

4 月中，茅盾先生和夫人到香港，端木在举办欢迎会的同时，邀请茅盾先生为《时代文学》撰稿。周鲸文倡议发起人权运动、倡议营救张学良将军等活动，都得到文协分会的支持，端木为此写了一系列文章配合，忙碌地几乎没有喘息的余地。

在钟耀群的记述中，萧红是一个任性的、忽略自己身体的人，而端木蕻良却是一个尽职尽责的丈夫，他要说服任性的萧红吃药、休息。但另一方面，作者却又指出，端木蕻良此时忙于各种事务。这种矛盾的叙述显得过于牵强，但若从重庆时期二人生活的状况来看，在靳以、梅志等人的回忆文章中描述的那个时常将家庭事务留给萧红，甚至连他的文稿的眷写都由萧红来代劳的端木蕻良不可能因为到了香港就来一个巨大的转变，忽然变成了一个悉心体贴的丈夫。

香港时期二人生活的见证人周鲸文的说法也许是最有说服力的，他指出二人生活中，萧红是家庭生活的主导，无疑说明萧红依然承担了更多的家庭事务。即使钟耀群先生本人在传记中也特意指出了端木蕻良这方面的不足。在钟耀群的记述中，身体出现病况的萧红拒绝吃药、看病都是非常不合情理的叙述。她的病况在史沫特莱的突然出现和帮助下才开始被认真对待。

在骆宾基的《萧红小传》中，对这段时期萧红的生活及身体状况，有极为概括的记录。记述如下：

一九四〇年，她在咳嗽、头痛、失眠种种病相大显中，完成了《马伯乐》第一部。十月，写了纪念鲁迅先生的哑剧《民族魂》。同时打算离开香港而回重庆，并且写信请她的友人 M 给找房子。然而最后她终于还是又留下来了。

茅盾的回忆文章谈到："4 月，因为史沫特莱的劝说，萧红想去星加坡去……萧红又鼓励我们夫妇俩也去。那时我因为工作关系不能也不愿离开香港……可是我不知道她之所以想离开香港是因为她在香港的生活是寂寞的，心境是寂寞的。她是希望离开香港去解脱那可怕的寂寞。"

初来香港不久，萧红给白朗、华岗写信告诉他们她想离开香港回去，在香港居住一年左右，她依然想离开这里。这似乎是她与萧军出现裂隙时她远走东京疗伤的重演。同样的心境，而重复的伤痕又深几许！

因此，或许我们可以推断：香港生活对于萧红而言，一方面由于端木、萧红二人初到香港经济生活还没有摆脱困窘的局面，有客观的压力，在陌生的环境下萧红向遥远的友人倾诉自己的孤独和抑郁倒说明了在感情上她被忽视的心境。另一方面，过多的家庭事务、辛苦的写作无疑使萧红身体病况加剧。我们从当时骆宾基的记述中也可以得出这样的结论。萧红的病况直到史沫特莱的到来，才引起了注意。萧红在自己的感情经历中，她一再隐忍的、被动的态度，以及重庆时期两人离群索居（萧红放弃了与友人的交往和联系）的状态，我们似乎可以推断萧红以自己的退避来维持二人感情生活的态度。

八、辗转的医院生活

萧红随史沫特莱同住于霍尔主教的别墅,良好的居住条件和周围环境的清新对萧红恢复健康是有益的。同时史沫特莱帮她联系和接洽了玛丽皇后医院。萧红听从了史沫特莱的建议,在玛丽皇后医院打了空气针,原本希望病情好转的希望落空,萧红从此一病不起,不得不住院治疗。

之后不久,她被从三等的病房移到室外的阳台,她需要呼吸阳光和新鲜的空气。玛丽皇后医院建在空旷的山野上,地势开阔,远望是环围的半海。某一个晚上,由于海风,萧红从梦里被惊醒,受了凉,致使病情加重。她请求医生给她注射止咳针,而医生置之不理。由于萧红居住的是三等病房,据医院规定,药品的开具需医生提出,病人不能提出要求。医生的漠然态度使萧红仿佛又感受到了十年前被遗弃幽禁的那个时刻。但那时还有行侠仗义的萧军来搭救她,而如今,她却需要独自设法解决问题。

深夜,萧红在慌乱与恐惧中给端木蕻良打电话求救,希望离开这个冷漠的医院回家,但端木蕻良以住院费是周鲸文所提供需征求周的意见为由宽慰萧红。第二天,端木蕻良与周鲸文来医院探望萧红,并试图说服萧红继续住在医院。周鲸文还表示继续住院的花费由他来负担。但此时的萧红精神上已受影响,她不能忍受医院医生的冷漠与忽视,她决定自己想办法离开医院。她对端木也感到非常失望。她在向骆宾基讲述这一时刻时感叹,如果此时萧军在香港,她一纸书信萧军一定会来救她出去。在这个时刻,萧红想起曾经与自己患难与共的萧军,内心五味杂陈。萧军固然粗糙大意,忽略了萧红敏感的心理,但萧军却在萧红绝望的危难中给予她最可贵的庇护,而如今她身处危难,身为丈夫的端木却不能理解她的心理,她唯有自己设法处理了。

萧红后来向香港东北救亡协会的领导人于毅夫求助,他接到电话,立即来到医院,答应帮助萧红。萧红在于毅夫的帮助下终于出院了,周鲸文拟定的萧红继续在玛丽皇后医院的住院计划也显然告吹。不料于毅夫为萧红设计的筹款计划失败了,但萧红非常宽慰,她请求于毅夫为她接洽《马伯乐》的出版事宜,她还有希望寄托。同时萧红也将收到史沫特莱汇给她两百港币的美国汇款(这是海伦·福斯特翻译萧红作品的稿费),但由于太平洋战争爆发,这笔稿费始终没有收到。

手术后萧红回到乐道家中,此时已至夏秋之交,她病弱的身体已使她寸步难行,多数时间只能躺在床上。病中她结识了两个重要的朋友,柳亚子和骆宾基。诗人柳亚子是去探访端木时认识萧红的,两人一见如故,成为萧红病中最关爱她的长辈友人。骆宾基则是在萧红生命的最后四十天一直守候在她身边初识不久的新朋友。

关于萧红住院的叙述,钟耀群《端木与萧红》中的记述有所不同:

> 一天晚上,端木冒着暴风雨从外面回来,进门后见室内窗户未关,窗帘披风吹得鼓起好高,而萧红躺在床上睡着了,他急忙关好窗子,来给萧红盖好被子。出院后的萧红头痛毛病依旧,使她不能阅读,不能写作,加之晚上受凉感冒,病情加重,端木急忙打电话叫来会说广东话的袁大顿叫了车,端木扶着萧红上车,乘轮渡过了海,又叫车到了玛丽皇后医院,由于史沫特莱的关系和托付,找到史沫特莱留下名字的医生,很顺利地为萧红看了病。大夫建议还是先住院彻底检查,费用是遵照罗纳德·霍尔主教嘱咐的优惠价收取的。萧红又去医院检查,拍 X 光,发现肺部有黑点。7 月,诊断为肺病需要住院。当时肺部已钙化,医生却主张把钙化点挑开,需要用时新的充氧疗法彻底治疗结核病,这

番治疗之后结果萧红身体愈加虚弱,咳嗽加剧,反而离不开病房了。

萧红就这样住进了玛丽皇后医院并开始了她的病院生活。

此时的端木、萧红虽在香港发表了许多文章,但是,他们的稿费依然无法支付昂贵的住院费用。虽然医院由于史沫特莱的关系给予了优惠,也还是差得很多。

端木与周鲸文商谈萧红需住院检查的情况。周鲸文表示萧红住院的一切费用都由他负责,同时派会说粤语的袁大顿协助办理萧红的住院事务。

萧红经医院确诊为心肺结核后,就从普通病房搬到隔离病房了。萧红的肺结核病是相当严重的。X 光检查肺上均有空洞,需要打空气针治疗。

萧红很害怕,但医院方面坚持这样的治疗,否则空洞不能愈合。端木拿不定主意,为此征询了周鲸文夫妇、于毅夫夫妇,还有夏衍。他们都认为肺部有空洞、打空气针是当时最先进的治疗肺病的方法。于毅夫夫妇和周太太还去医院看望了萧红,劝她进行空气针治疗。

萧红后来也想通了,既然住在医院,也只有听从医生的了。萧红住院后,端木除去探视萧红的时间外,全身心地扑在编《时代文学》和创作上。

香港气候由秋季转入冬季后,虽不算冷,但医院阳台式的结核病区,就不如夏季秋季那么舒适了,特别是海风变凉了。萧红觉得不适应,想出院,端木也怕她经不住海风吹,万一病还没好,又感冒了怎么办？就去找医生。

医生坚决反对出院,并告诫端木萧红的病很严重！两边肺上的空洞,虽然进行了这几个月的治疗,继续扩大被控制住了,但离出院还很遥远。并声明医院是会采取措施防止病人感冒的。端木唯有劝告萧红先完成这一个疗程再说。

接着,萧红又要求出院。端木请求待他问问周鲸文的意见,因为住院费用都是周鲸文资助的,出院与否,也得向周鲸文打个招呼。这才使萧红暂时平静下来。

急于出院的萧红后来找了于毅夫帮忙,于毅夫同意萧红出院回家休养。当端木拿着柳亚子给萧红的赠诗看望萧红时,发现萧红身边放着大包小包,于毅夫也在场,原来是于毅夫来准备接萧红出院。于毅夫对端木说:"萧红既然那么想出院,看她目前的情况,硬要她住在这医院里反而不好。不如出院试试看,不好再回来嘛。肺病之人,心情是很主要的!"

关于这段住院的过程,骆宾基在《萧红小传》中有不同的记录:

史沫特莱在香港遇到萧红后,震惊于萧红的身体如此虚弱,在她的帮助和劝告下,萧红去玛丽皇后医院打空气针,但之后身体状况急剧恶化,由此只好在医院入住,开始了她的住院生活。

住院生活期间,萧红的身体状况有所好转,来探望的朋友有茅盾、巴人、杨刚、骆宾基等。但不久她的情况就恶化了,因为某晚受了寒,萧红请求医生给她打止咳针,被拒绝,她又一次因为贫病交加而窘困。朋友也渐渐疏于探望,敏感的她在这种情况下感到落寞和凄凉。萧红不能忍受医院的冷眼,打电话请求端木蕻良换医院,但端木和周鲸文到医院劝萧红继续在此就医,周鲸文答应代付医院六个月的费用。然而因为遭遇过医院冷眼的萧红,在这种状况下显然没有好的心境。她自己要求出院,遭医院拒绝。别无他法,萧红后来向东北救亡协会的于毅夫求助,请他与院方交涉。在于的帮助下,萧红出院返家。

萧红出院回家后,从精神、言谈上看,比在医院里要好得多。但是,过了没有多久,萧红咳嗽又加剧了,体温也开始升高了,头痛又开始了,端木不得不又将她送回医院。

太平洋战争的前夜,香港炮声不断,萧红感到害怕,端木蕻良给萧红尊敬的长者柳亚子打电话,希望能够帮助安抚萧红。柳亚子接到端木电话也来了,见萧红特别害怕,便安慰她。和她聊天,互相作诗,萧红的情绪很快就稳定下来了。

《萧红小传》的记述:

> 一九四二年十二月八日晨九时,柳亚子先生神色匆匆地走进萧红卧病的房间,脸色带着敌机轰炸带着的严肃……T君是同样匆促地随着柳亚子先生走了,临走叮嘱T君:"你不要走,陪陪萧红,我一会儿就回来。"

> 萧红的脸色现着恐怖,她说:"你不要离开我,我怕!"

于毅夫急匆匆地赶来告诉端木,当晚得过海到香港那边去。九龙保不住,很快会沦陷。他已经预定了小划子,等天黑下来就走,要大家准备一些吃的、用的。端木随即收拾东西,送柳亚子回去,同时买一些食品回来。

天黑以后,枪炮声更紧,端木和于毅夫、骆宾基雇了两辆三轮车,扶着萧红坐车到海边,乘上雇好的小划子过海,前往时代书店,通过联系张慕辛、林泉等人,寻找落脚处。但到后,时代书店的店员告诉端木,张慕辛、林泉已转移,住到思豪大酒店去了。于是,端木等一行人随后前往思豪大酒店,此时已是第二天清晨。

思豪大酒店的女老板是东北人,与时代书店的人很熟。张慕辛和林泉得知张学铭长期预订的思豪大酒店五层楼的某个房间一直是空着,于是他们通过女老板的关系住进去了。看到来思豪酒店寻找避难所的端木与萧红,尤其是萧红还生着重病,张、林两人便毫不犹豫地将这间房子让出,这样端木、萧红总算在战争的炮火中暂时安置下来。

端木和萧红找到了临时落脚处后,端木便托骆宾基帮忙照看萧红,他和于毅夫一起出去了解情况。此时端木蕻良已从于毅夫处得知,中共南方局书记周恩来已经致电廖承志,要求他尽快接出滞留香港的进步文化人士。于毅夫还告诉端木,过几天将要在格罗斯汀大酒店地下大厅召集滞港文化人士,布置撤走事宜。

香港在飞机炸弹、大炮轰击下,很快被日本攻占。圣诞节那天,港英政府挂白旗投降。战争停止了,市内交通、水电也逐步恢复,但医院仍被日军占领。于毅夫前来端木处告知端木一个消息:在有关方面安排下,三十多位文化人将由东江纵队保护,撤离港九地区,端木、萧红均列在名单上。但萧红的病体是无法支撑撤离的,于毅夫告知端木,他也决定离开了,并表示他已为他们安排丁王福到时协助他们撤离一事。于毅夫告别时交给端木一笔钱,以便为萧红治病和撤离用。

由于战乱,往返搬迁,吃不好、睡不着,萧红除了咳嗽、发烧外,又增加憋气……萧红在香港沦陷前两日旧病复发,再度入院。1月9日,萧红从电话中得知柳亚子将要陪何香凝撤离香港回内地了,萧红便请求端木蕻良带了还没有启封的鱼肝油去送给何香凝,代表她去送行。端木到了柳亚子那儿,柳亚子详细询问了萧红的病情,临走,也送了一些钱给端木表示心意。

端木蕻良设法给萧红找医院。他从当地人那里打听到跑马地有家颇具名气的私人开设的养和医院,医院院长李树培是个博士,香港有钱人多半在他那里看病,设备条件都是一流的。并听说这所医院尚未被日本军队接管,端木就按地址找到了这所医院。

养和医院已经开始接待病人了,端木急忙去办手续,院方要求先交一周的预定金。由于院方不收取港币,需要将之兑换成"军票"。端木看没有通容的余地,便只好出来兑换"军票",回到医院交了预定金,马上回去接萧红。

当端木急匆匆赶回他们的住处的时候,萧红正憋得喘不过气来。端木立即扶萧红坐起来,一边为她敲脊背,一边让骆宾基收拾萧红的漱洗用具,两人把萧红送到了养和医院。

第二天,李树培院长为萧红做检查,检查结果发现萧红喉头有肿瘤,需要手术切除,否则就有封喉的危险。这是萧红感到憋气的原因。端木蕻良坚决不同意开刀,源于他的二哥就因为有结核病,腰上长了东西,开刀后一直封不了口,已经躺在床上好几年了。他将二哥的例子说给李大夫听,由于李树培的坚持,端木只好答应听从大夫的建议,但他拒绝签字。而萧红治病心切,发急地说:"你不签,我签。"萧红希望手术能解除她的痛苦。

手术进行时,端木坐立不安,直到萧红躺在手术床上被推了出来往病房去。

手术结束后,萧红被抬到床上。端木询问萧红手术情况?萧红低声对端木说:"我觉得胸痛。"但切开喉管后,并没有发现肿瘤。但事已至此,端木急忙去找李树培,护士则告知院长已经离开。端木只得憋住火,回到病房安慰萧红。

萧红低声说:"这里不能住,咱们还是到玛丽医院去吧。那里有专治肺病的。我是老病号,他们会接纳的。"

端木也有同感。但玛丽皇后医院离养和医院几十里,况且那里接不接纳病人还不知道,但为了救萧红,端木还是决定跑一趟。

端木把萧红托付给雇请的荷兰籍女特护,出来找车,但车全被征用了。一筹莫展间,忽然听到船边有用英语谈话的声音,有一个青年人还戴着"朝日新闻"的红臂章,端木蕻良上前就用英语自我介绍并请求能否派车送萧红到玛丽医院。

有幸的是,这些人知道端木与萧红,他们是"朝日新闻社"的记者。他们同意马上派车,连夜将萧红送回玛丽皇后医院。

但是,没两天,日军司令部一道命令:"玛丽医院接受军管。"于是,一切病人撤出,有的和法国医院合并,萧红又被迁至法国医院。在法国医院,端木问过大夫萧红的病情是否能恢复,大夫答复在正常情况下是有希望的,但在战乱情况下能维持现状已属不易。

没过两天,这家法国医院又被军管,萧红只有随从医院搬至圣士提反女校。这是一所临时医疗站,没有医药,没有任何医疗条件。萧红喉头的痰更多了,端木几乎不停地为她吸痰,否则就会窒息了。当夜,萧红有些昏迷,大小便也几乎失禁了。第二天清晨,端木为萧红倒便盆回来,忽然觉得萧红似乎比夜里状况好了,清醒了,而这显然是回光返照的迹象。她要端木拿纸笔来,在纸上写:"我活不长了,我死后要葬在鲁迅先生墓旁。现在办不到,将来要为我办。现在我死了,你要把我埋在大海边,我要面向大海,要用白毯子包着我……"端木则强忍着泪水安慰她。

萧红同端木商量:"你看,咱们是不是把《呼兰河传》的版税送给骆宾基,也算是给他的报酬。版权不能给他,版权是我们自己的。"端木表示同意。这时萧红又出现涌痰现象,端木急忙用吸管吸出。

九、最后的安息

关于安葬萧红的事宜,钟耀群著作中有非常细致的叙述,这里援引这些内容:

1942 年 1 月 22 日上午,萧红去世。此时的端木蕻良痴痴地看着萧红苍白安静的脸,脑内一片空白,直到骆宾基抽出端木手中的吸痰管,他才恢复恍惚,即让骆宾基去找照相的来为萧红照遗容。骆宾基答应走后,端木将萧红遗体摆正,整理萧红仪容。

傍晚,端木心力交瘁,独自一人到香港大学文学系主任马季明家,借宿于马家。萧红死后,端木蕻良需要做的第一件事是安葬萧红。由于战时香港死亡人数很多,且尸体被随便处置,很多尸体无人认领,被堆积掩埋在一个大坑里。

端木蕻良为了实现萧红的遗愿,第二天一早就来到停尸房的门口,看到来收尸的人中,有一位像是主管的人,走过去说明自己和萧红的身份和关系,请求他给予帮助。此人对萧红和端木都有耳闻,在报上看过他们的作品,所以毫不犹豫地答应将萧红和其他尸体分开,单独安放在一个车厢里,并且从医院里取来白毯子将萧红裹上,送到日本火殓场火化。同时此人还告诉端木去找日本军政府有关部门办理死亡证、火葬证和认领尸体允许单独安葬等手续。

在送萧红遗体去火化的途中，看到萧红露在毯子外面的头发，端木本能地取出挂在钥匙链上的小剪子，剪了一小撮萧红的头发，放在西服里面的小口袋里。他天真地感到萧红没有完全离他而去……

火化两天后端木到火殓厂去领取萧红的骨灰。这期间，端木去找了日本军政府有关部门，与他们交涉，解释说他的妻子去世了，她是位文学家，她的遗言是希望将她葬在海边，面向大海，请允许他实现妻子的遗愿。

他去交涉的日本人也不知道浅水湾在哪里，但当时就批了许葬证交给端木。

之后，端木敲开一家古玩店的门，一进去就看中了一对抹釉的陶罐，买了回来。他考虑到浅水湾并不是埋葬的地方，战争结束后还不知会遭遇到什么命运，因此，决定将骨灰分装在两个罐里，埋在两个地方。这样总可以保存一份，将来带回内地，葬在鲁迅先生墓旁。

领完骨灰的第二天，端木抱着一个骨灰瓶，带着毛笔和墨汁，和骆宾基一起走到浅水湾。端木找到一个用砖砌起来的花坛，用手和瓦块在中间刨了一个坑，将里面的土挖出来。好在花坛中间的土不那么坚硬，终于挖出了一个深坑，将骨灰瓶正正地放了进去，填上土后，环顾四周，不远处，在被炮火打坏了的更衣室旁，捡了一块木板，端端正正地写了四个大字"萧红之墓"立在墓前，用土和石块压得牢牢的。

当夜，端木用白毛巾包着另一个骨灰瓶，约了一个学生和他一起出来，想找一个安全、不易被人发觉的地方埋葬。他觉得圣士提反女校离这儿不远，萧红就是在这儿去世的，香港再怎么变迁，这个学校总是会存在的，因此在校园里转了一圈，挑选了面向东北方向坡上的一棵小树，挖坑埋葬萧红另一半骨灰。

那位学生在校园里找到一把铁锹，便帮端木挖了起来。此时的校园极为寂静，唯有淡淡的月光。端木和学生轮流挖了一个深坑后，将骨灰轻轻放到坑中，先用手往里攒土、压紧，然后用铁锹往里填土。当那位学生为了将土压紧，在上面又踩又蹦时候，端木几乎吼出声了。之后端木回到卧室，倦怠之极，躺到床上，不一会儿，感到脚底剧烈的疼痛，脱鞋查看，发现脚上的新皮鞋鞋底已经磨穿，脚底板都流血了……

月底，端木给许广平写信，告知她萧红逝世，骨灰埋在浅水湾，并请许先生给内山完造写信设法对骨灰进行保护。

而据萧红去世前40天，一直守护在萧红身边的骆宾基的记录，从太平洋战争爆发的第二天，端木蕻良就消失了。萧红当时也明确告诉了骆宾基，端木蕻良在得知中国南方局有安排撤退在港进步文化人的计划后，就已经打算突围离开，并且已经向萧红说了告别的话。

但似乎他没能立刻离开，在某一天拿了两个苹果返回来看萧红，骆宾基问端木："你不是准备突围吗？"端木答："小包已经打起来了，等着消息呢！"十天后端木又回到萧红身边，这十天的消失于是成了一段谜（虽然在四十多年后当事人如端木、端木的侄子曹革成等做出了解释，但毕竟这是时隔多年的解释，无从印证个中真假）。萧红于1942年1月9日给柳亚子打了电话，因为柳亚子送给端木一些钱给萧红治病，萧红致电给予感谢，但同时萧红也感到温暖，在生病之际有一个尊敬的长者还关心着她。柳亚子从萧红的电话中感到她的精神恢复了，也为她感到高兴。这些记录说明，从太平洋战争爆发后到香港沦陷时，端木把萧红托付给了骆宾基，但作为丈夫的他决定突围，留下生命垂危的妻子，无论如何，总是说不过去的。

1942年1月13日，是萧红在养和医院按照大夫李树培的安排进行喉部手术的第二天。端木带着行李于前一天来到医院，和骆宾基一起守在萧红身边。萧红对两人说："人类的精神只有两种，一种是向上的发展,追求他的最高峰;一种是向下的,卑劣和自私……作家在世界上追求什么呢? 若是没有大的善良,大的慷慨,譬如说,T(指端木),我说这话你听着,若是你在街上遇到一个孤苦无告的讨饭的,袋里若是还有多余的铜板,就掷给他两个,不要想,给他又有什么用呢? 他向你伸手了,就给他。你不要管有用没有用,你管他有用没有用做什么? 凡事对自己并不受多大损失,对人若有些好处的就该去做。我们的生活不是这世界上的获得者,我们要给予。”

萧红在病危之际,还对守在身边的端木蕻良和骆宾基说:“我本来还想写些东西,可是我知道我就要离开你们了,留着那半部《红楼》给别人写去了。你们难过什么呢? 人,谁有不死的呢? 总要有死的那一天,你们能活到八十岁吗? 生活得这样,身体又这样虚,死,算什么呢! 我很坦然的。”萧红对自己身体的病状虽然有着清醒的认识,但这段话中表达的遗憾是浓重的,对于自己的身体,她既无力也无奈。她不无感伤地说:“这样死,我不甘心……”

年纪轻轻的萧红因为身体的衰弱与疾病的折磨,不得不走向死亡。她是有着无限的对于未来的向往的,她向往着还能够回到故乡,向往着继续她的文学事业。然而战争、疾病、漂泊却最终拖垮了她原本衰弱的身体,遗憾地离开人世。

十、乱世夫妻

骆宾基根据萧红的陈述和感受,分析萧红离开萧军选择端木的心理过程:

> 她要寻获第三个友爱来作为依持,来填补那感情领域出现的空旷。在这里显示出她的软弱。二十几岁的萧红,是无力独自支持的。为什么在这社会上她找不到一个庇护的场所呢? 她

是需要找个山深林密的地方,舐舐伤口的。然而这土地上没有,而仅有的一座深山,一丛茂密的森林,是将作为萧军的隐避所。她又没有一个亲眷,"若是那时候能回呼兰我的家乡去多好啊!"她曾经向 C 君(骆宾基)这样说。她思考了好久,在准备着向绀弩作这一赤诚的委托了,就是说,投入一个长者的庇护里。然而,人与人之间的关系是给这社会损害得多么曲折而复杂了呀!她思考着,诉说着,终于她只能这样地提出,而又这样淡然地结束了。就是说,绀弩答应了承认那小竹棍是送给他了。她没有敞开人与人之间的更真挚的友爱的门户。而这是唯一能填补心魂上被闪出来的那一个大空旷的。

可是,她需要它来作为一个凭藉呀!她如同身处梦幻中似的。当丁玲走向里间的寝室,说:"好睡了!"她随便地应了一声"明天见",就倒身在暖炕上了。她想,T(端木)是尊敬她的,她的独立性不会受到损伤,只是她并不喜欢这人的气质。然而他将从属于她……在几天的梦幻和生命的激荡中,她终于没有守卫住她的那廿几节的富有弹性的小竹棍。

在骆宾基的这段记述中,可以看出"三人行"时期的萧红,尚未明确作出自己的决定。萧红起初是想得到友人的帮助和支持,以度过那段与萧军的感情有大的裂隙的心灵的空旷期。萧红将她选择端木蕻良的原因解释为:因为她觉得端木蕻良是尊敬她的,在这里她的独立性不会受到损伤。但实际上,萧红此时对骆宾基的陈述与回忆,已经不是当时场景的再现,而是叠加了端木蕻良与萧红两人生活状况的经验与判断。萧红临终前的陈述有着对自己以往选择的反思,并不能代表处于"三人行"期间她的情感状态。对端木蕻良的失望使她觉得这是自己最初选择的错误,这是一个错误的开始。而实际上,我们可以看出,无论与萧军分手时期,还是与端木在一起时,她与端木的婚姻一直没有得到周围大多数朋友的认同,萧红在向同样表示不理解的骆宾基解释时,无疑也是在某种程度上附和了他们的认同,加之客观上,端木蕻良与萧红生活期间,由于工作繁忙或自身性格等其他各种原因,确实没能做到对萧红尽心的照顾与关心,这也是使萧红感到失望的原因。

端木与萧红的关系,众说纷纭,尤其指责端木对待萧红漠然的居多。对于这种种情况,笔者以为或许需要理智的分析与判断。一方面,不能片面地认为萧红友人对端木那样集中的批评仅仅是出于对端木的厌恶与排挤,许多人的共同看法无疑具有客观的真实性;另一方面端木和萧红之间的关系状态确实有着令友人不可理解的成分。

且更为重要的是,这些回忆与陈述很多发表于萧红逝世后不久,这些陈述更接近于他们与萧红关系的现实:萧红的这些友人既记述了"二萧"关系不和谐的一面,如梅志、许广平、白朗、绿川英子等记述萧红在与萧军关系中的忍耐与顺从,从他们的视角记述了萧红和端木在重庆时期的生活观感,梅林回忆萧红的抱怨,白朗记述萧红情绪的低落,绿川英子不解于端木不向友人公布两人结婚的真相,靳以对端木大少爷作风的批评,梅志眼中萧红郁郁寡欢的状态,这些记述并非片面地偏袒一方,而是显然注意到萧红无论是与萧军还是与端木蕻良的感情与生活的不和谐处,指出了他们生活中真实存在的问题。因此,我们可以认为这些都是客观的事实,而不能片面地把这些友人的记述与看法简单归结为他们是"二萧"关系中萧军的辩护者。

至于萧红本人,她对于她与端木的关系或许是有着清醒的认识的。在两人结婚时,胡风让她发布感言,萧红淡然地说她与端木之间并没有浪漫的故事,她只希望有一份安稳的生活,没有背叛没有不忠,这似乎暗示着萧军带给她的感情创伤。但这段话也可以从不同角度解读,如果萧红是实说,期待与端木蕻良的关系带给她安稳和感情的信任,那么她对这段感情怀有极高的期待,对于有过感情和生活经验的萧红来说,安稳的生活和没有背叛的感情是过去生活和感情给她的巨大教训。如果萧红这段话是隐语,或许包含了萧红对自己的新感情没有被朋友圈认同和理解的微妙反驳。

　　但显然萧红的这段表达和她对与萧军的关系的归结是完全不同的。即使在她认识到她与萧军之间由于性格的冲突准备分手时，她依然肯定地对聂绀弩说，"她爱萧军"，在她临终之时，对骆宾基提出为什么选择端木蕻良的疑问，萧红给出她期望能够在性格柔弱、文人气的端木身上获得自身的独立和完整的答案。不可否认，萧红选择端木，两人之间是有着彼此的好感的，她是有着自己的想法和期待的。

　　晚年端木在学者叶君的采访中谈到与萧红的结合时解释说："在这种情况下，我当然要站在萧红这方面。实际上，我一直没有结过婚，萧红年龄还比我大，身体还那样坏，我当然也有考虑。但这种情况下，我必须与萧红结婚，要不然她会置于何地？这以后，我们就经常在一起了，关系也明确了。"对萧红的选择，他很大程度上出之于被动。

　　客观而言，端木与萧红的结合，确实表现出了端木的善良、仗义与担当，还有对女性作为弱势群体的理解与同情。这一切发生在一个自幼娇惯无比的地主少爷身上，毫无疑问殊为难得。同时，从现代文学史的左翼文人生活来看，男女的爱情常常超越世俗伦理的状况也极为多见，以今天的观点来衡量也未必适度。但毋庸置疑，两人之间从一开始是存在着情感的罅隙的，萧红在友人之间附和他人的看法，甚至自己也掩饰说出不喜欢端木的话，无疑对于一对恋人而言，是极为不妥当的。她在某种程度上误导了友人对两人感情的判断，好友白朗在文中表示惊讶："据传说，红竟爱上了一个她并不喜欢的人。"如果说萧红对端木示爱非常明显，那根象征性的小竹棍从某种意义上是她给端木的定情物，此外，还有四枚相思红豆。那么她为什么还要欲盖弥彰呢，难道仅仅是因为朋友圈对端木的排斥吗？而实际上，她的这种附和与掩饰，不仅伤害了友人，也在某种程度上伤害了她作出选择的恋人端木蕻良。这种开始的模棱两可对两人的感情是有着阴影和不良影响的。两人之间感情的实质也是一个值得探究的问题，到底萧红是因为对萧军的失望而选择性格柔弱、文人气的端木以期待获得自我的完整作为对生活的妥协,还是她需要一段新的恋情来转移对萧军移情别恋造成自己的情感创伤,还是她与端木的结合是因为西安时期萧军的突然出现迫使她作出选择。

广州银河公墓萧红墓

　　另一方面,端木蕻良与萧红两人性格间的不和谐也是问题的原因。在与端木蕻良的关系中,萧红一改与萧军的关系格局,在这段新关系中,她不再愿意做一个被保护者。加之,端木蕻良大地主家庭优越的养尊处优的少爷式生活和被家人宠爱和照顾成长的经历,在年龄和经验及阅历上,他都与经历诸多曲折的萧红无法相提并论。从这个角度来说,缺乏感情经验和生活经验的端木不可能从根本上理解萧红。

　　相反,萧红在两人的关系中,一开始就以大姐姐的主导身份确定了两人的关系格局。在这种格局中,被动的端木蕻良自然不可能成为萧红内心中渴望能够依靠的男子。萧红与端木到香港后,完成她一生中最成熟的作品——《马伯乐》(第一部)、《呼兰河传》、《小城三月》,谱写了她一生中最美的华章。可多年的辗转流徙和两次非正常状态的生产、辛苦的写作,也让萧红的身体状况更为糟糕。从1941年7月开始,她因肺病、妇科病和失眠而长期住院。在萧红住院期间,柳亚子曾见"有些大孩子气,偶尔会撒一下娇"的端木细心侍奉病榻,感其挚爱之情,后写下:"文坛驰骋联双璧,病榻殷勤伺一茶。"因此,一个有少爷经历的端木蕻良能够做到这些也是实属不易的。萧红对端木的失望从根本来说是由两人成长经历和性格差异造成的,是一个渴望被悉心照顾的经历曲折的敏感才女和一个还在成长中的青年作家之间的落差。

　　萧红逝世后,端木想尽办法安葬萧红,他剪下她的一缕头发留做纪念,单独火化后,并设法说服战时日本占领者给妻子找一个安葬之处,他将骨灰分别埋在圣士提反女校和浅水湾。1957年又把萧红墓从浅水湾迁至广州银河公墓,证明了萧红逝后端木所做的种种努力。而在被日军占领的香港,能做到这点是极为难得的。无疑端木给了萧红逝世后最大的尊严与保护。但端木蕻良对萧红临终及安葬时的担当与责任,并不能抹去他和萧红重庆生活时期萧红情绪抑郁的状态,以及香港时期对病中的萧红疏于照顾的一些事实。

　　在我看来,萧红和端木蕻良的感情,对端木蕻良来说,更是一个初涉现实婚姻生活的养尊处优的少爷的成长过程,从一个在生活中被宠爱和照顾的对象,成长为一个逐渐学会了担当和照顾的精神上成熟的成年男子的过程。但这个成长的过程对于饱经忧患、创伤重重的萧红来说,是相距甚远的。当然最根本的原因是萧红自身的决定造成的。但从根本而言,在人生中,谁能成为全能的智者呢?从他们的情爱与恩怨中，或许正折射了人性的丰富与弱点。对两人的关系进行道德评判更无必要。

1946 年陶金等人祭扫浅水湾萧红墓

20 世纪 80 年代以来，有众多关于萧红的传记，如刘以鬯的《端木蕻良论》、葛浩文的《萧红传》、章海宁的《萧红画传》、丁言昭的《萧萧落红情依依——萧红的情与爱》、孔海立的《萧红传》、叶君的《从异乡到异乡》等。其中葛浩文 1981 年采访端木，谈到晚年端木在问及消失十日问题时放声大哭。2006 年初秋，端木夫人钟耀群亦告诉采访者章海宁，端木的离开是因为发现了萧红与骆宾基的私情而极为伤心。而端木的侄子曹革成则解释为端木是去取钱、筹款和联系医院。但 1946 年《萧红小传》的记录中清晰可见地记述端木向萧红做了告别，端木托付骆宾基照顾萧红；同时刘以鬯采访当事人之一的周鲸文也同样有此解释，因此此说显然更为可信。

至于后来的这些陈述，笔者以为一方面被采访者与当事人关系太过密切，而且非当事人本人。同时即便是当事人本人，事件的细节也会由于时间久远、时过境迁而回忆模糊不辨,存在着与当时事实有出入的成分;另一方面,由于萧红早逝,骆宾基于 1969 年去世,端木于 1997 年去世,当事人均已逝去无法对证,而这之后某些关于端木与萧红的关系的传言或故事更似传奇,不予采信。

生平唯一的知友

——萧红与白朗

白朗(1933年)

白朗,原名刘东兰,1912年8月20日生于沈阳城里的小西关,祖父刘子扬是沈阳有名的中医,后来当了黑龙江省督军吴俊升的军医处长。罗烽(1909年12月13日—1991年10月23日)是她的姨表兄,比她大三岁,罗烽的父亲则在军医处担任拟稿员。这时,白朗和罗烽两家先后搬至齐齐哈尔,住在同一个院子里,他们二人青梅竹马,度过童年和少年生活。她18岁与罗烽完婚。丈夫罗烽是共产党员,1933年初,罗烽担任北满省委候补委员和哈尔滨东区区委宣委,同巴来一起负责北满文艺宣传工作。1932年9月方未艾被聘为《国际协报》副刊《国际公园》的编辑,10月方未艾加入中国共产党,并在《国际协报》报社建立了哈尔滨地下党秘密联络点。1933年《国际公园》扩大版面,4月,白朗考取了《国际协报》,先任记者,后主编每天半版的该报副刊《国际公园》和《儿童》《妇女》《体育》等周刊;同年,又主编新创刊的大型周刊《文艺》,由此进入了东北文学圈,得到萧军、萧红、舒群、金人、林珏等作家的支持。从此白朗与东北文学圈中的萧军、萧红等建立了密切的联系。这个圈子以方未艾、罗烽、舒群、萧军、金剑啸、萧红等为核心作家,在白朗任编辑期间,大量发表这些进步作家的文章,白朗当时以刘莉和弋白等笔名发表文章。同时这些作家时常在哈尔滨的"牵牛房"活动("牵牛房"是哈尔滨爱好文学的进步青年时常活动的地方),他们举办赈灾画展,成立星星剧社,在那里排练并上演进步剧目。这些活动增进了他们之间的密切关系。

就白朗的个人经历而言,她在现实的政治斗争中逐渐走向坚强。1934年6月,在北国漫漫长夜里,白色恐怖笼罩着哈尔滨,白朗的丈夫罗烽因叛徒出卖而被捕。1935年初,罗烽被判为共产党嫌疑犯,经过党的活动、白朗的奔走、呼海铁路二百多职工、同事捐款营救,他们以重金贿赂了日本领事馆的高级人员,方被保释出狱。出狱不久即由金人和一位同事掩护白朗夫妇和老人上了火车,逃离腥风血雨的哈尔滨。在沈阳一个小店里,白朗和母亲、弟弟匆匆见了一面,便告别了故乡的骨肉和田园。当黑夜吞没了大海的时候,他们登上了从大连开往上海的日本船,投奔已在上海的萧军和萧红,之后加入上海左翼作家联盟。

在上海法租界的一位律师家里,白朗夫妇和萧军、萧红共同生活了三个月。当时"二萧"发表文章还不算多,正为《八月的乡村》和《生死场》的出版而奔走,生活上也很窘迫;某日,萧红悄悄告诉白朗,他们夫妇住在这里,萧军嫌妨碍写作,不高兴,于是白朗夫妇搬到舒群、塞克住的美华里亭子间。在那里,大家过着极为艰苦的生活。舒群、塞克、沙蒙等人更苦,没有正常的收入,经常没有饭吃。白朗夫妇刚到上海,身上还有点钱,包一个客饭,为大家都能吃一点,经常同这些穷朋友分而食之。

刚到上海时,白朗已经怀孕。艰难的生活、恶劣的环境,迫使白朗夫妇先后搬了六次家,而他们不到一岁的孩子,也在这灾难中死去。但白朗在苦难的磨砺中变得更坚强了。1937年9月,在敌人的狂轰滥炸中,白朗夫妇和沙汀、任白戈、舒群、丽尼等几十个文艺界的人（包括家眷），第一批撤离上海，来到武汉。

前排左二、左三：白朗、王德芬；后排左起：罗烽、萧军、金人

当时，武汉、长沙是大批文化界人士的集中地，也是他们去重庆、桂林等地的中转站。白朗在那里生活了一年多，参加了中华全国文艺界抗敌协会的一些活动，参与了罗烽、聂绀弩、丽尼编的《哨岗》的编务和丁玲、舒群编的《战地》的组稿、发行工作，还招待南来北往的文艺界朋友，杨朔、吕荧等人便常住在他们家里。罗烽只身投军山西临汾，白朗独自照顾一家老幼的生活和承受感情上的折磨；在文坛她不甘寂寞，以《西行散记》为题，发表了十几篇记述她的生活、思想和感情的文章，留下了时代的真实的影子。这些散文于1941年结集出版，1944年重庆商务印书馆再版。

1938年夏，白朗和罗烽先后到达四川重庆，在长江上游的江津找了一间房子，住了三个月，萧红也曾在她家小住。萧红与白朗在哈尔滨相识后的经历中，有许多共同的经验，白朗应是萧红生命中的密友了。她们共同度过了很多时光，共同参加东北文艺圈的活动，同时私下也有着密切的交往。白朗初识萧红，是她进入《国际公园》副刊工作时期,从此与东北文艺圈中的萧红建立了密切的联系。她见证了"二萧"困窘艰难的生活,也见证了"二萧"共患难的爱情——"二萧"虽然在困窘的生活状况下却幸福和谐的精神状态。对于那时的和谐,白朗在《遥寄》中写道:"他们的幸福和快乐,是建立在对共同的事业和真挚的情爱上,绝不是贫困的手所可左右的。"

萧红与萧军先期离开东北,之后自青岛到达上海。一年之后,白朗与罗烽也来到了上海,在上海法租界律师家中与"二萧"同住生活了一段时间。这时萧红正经历着与萧军情变的折磨,白朗发现,萧红的面色是苍白病态的,精神也没有了以往的愉快,神情忧郁。在两个月的共同生活中,白朗感到萧红那只曾经注满的"幸福之杯"已经开始向外倾泻了。

白朗在《遥祭》中叙述这时萧红的情绪状态:

> 萧红是个神经质的聪明人。她有着超人的才气,我尤其敬爱她那种既温柔又爽朗的性格和那颗忠于事业忠于爱情的心。但我却不太喜欢她那太能忍让的"美德"。这也许正是她的弱点。萧红是很少把她的隐痛向我诉说的,慢慢地,我体验出来了。她的真挚的爱人的热情没有得到真挚的答报,相反的,却常常遭到无情的挫伤。她的温柔和忍让没有换来体贴和恩爱,在强暴者面前只显得无能和懦弱。

作为曾经的密友,白朗对萧红的性格有着深入的了解,也对萧红的处境充满了同情和理解,但她对萧红柔弱与忍让的性格进行了批评。而萧红这时独自一人承受着感情裂隙带来的痛苦,她甚至对曾经的密友白朗都保持沉默,从另一个角度折射出这一时期萧红内心的绝望与凄楚。

对于萧红与萧军分手并选择端木的决定,在白朗看来,那是一个更大的不幸。她说:"预料的不幸终于发生,幸福之杯粉碎了,红和军决然的分手,据传说,红竟爱上了一个她不喜欢的人。"在白朗看来,与端木走到一起的萧红,感情的突变是非常显著的。

萧红坐船到重庆待产,在武昌码头摔了一跤。到了重庆,初期端木因住单身宿舍不能安置萧红,先把萧红送到朋友范世荣家。后萧红快要分娩时,转住白朗家,这是她们在久别之后的再次相见。她们有幸又一起生活了一段时期。但这一时期,萧红虽然住在知心的密友家,但她从未向白朗谈起与萧军分手之后的生活与情绪,她将一切都隐藏在自己的内心中。白朗这样描述当时萧红的心理状态:

"对着一向推心置腹的故友也不肯吐露真情了,似乎有着不愿告人的隐痛在折磨着她的感情,不然,为什么连她的欢笑都让人觉得是一种忧郁的伪装呢?"显然,这一时期的萧红内心情绪是复杂和难言的,她怀着已经与之分手的过去爱人的孩子,而她选择的新的爱人不久之后就已经让她感到失望,这种难言的感伤使原本就敏感的萧红或许已经陷入了对自我不幸境遇的郁结中,即使面对曾经的密友,她也不愿提起内心的隐痛。这种情绪足见萧红内心的郁结之深。

萧红在白朗的照顾下,度过了产期,临产时,白朗陪她进了医院。但不幸的是,孩子死了,这对萧红是一个巨大的打击。白朗记述萧红此时情绪多变的状态:"她变得是那样暴躁易怒,有两三次为了一点小事,竟例外地跟我发起脾气,直到她理智恢复,发觉我不是报复的对象时,才慢慢沉默下去。"

"有一次她竟这样对我说:'贫穷的生活我厌倦了,我将尽量去追求享乐。'"

"这一切,在我看来都是反常的。我奇怪,为什么她对一切都像是怀着报复的心理呢?也许,她的新生活并不美满?那么,无疑的,她和军的分开是无可医治的创痛了。"

"她不愿意讲,我也不忍去触她的隐痛。"

从这些记述中,我们可见这个时期萧红内心的巨大失落与痛苦。

从客观情形来看,怀着身孕的萧红此刻最需要的是端木蕻良能够给予的关心和照顾,加之她的遭遇的特殊性,或许这种期待中更夹杂着极为矛盾的情绪。这种矛盾情绪和只能求助于友人的照料使她连这种痛苦都无法倾诉,这更深一层的痛苦似乎昭示着萧红更为未知的将来。

另一方面,萧红对白朗这个自己相识多年、且能在危急时刻挺身相助的朋友也不愿提及自己感情的隐痛,却着实是不可理解的。她是宁愿自己独自承受由自己的仓促选择造成的这种后果吗? 还是因为萧红与端木蕻良之间的结合并不被周围这些曾经的密友所理解? 在这种复杂的状态下,萧红自己是否有着更伤痛的心境?

在白朗看来,与萧军的分手对萧红来说是无法医治的创痛。离开白朗家,在握手分别时,萧红凄然地对白朗说:"莉,我愿你永久幸福。"在白朗给予密友"我也愿你永久幸福"的祝福时,萧红茫然地苦笑说:"我会幸福吗? 莉,未来的远景已经摆在我的面前了,我将孤寂忧悒以终生!"这是二人最后一次相别时的场景。这个场景似乎就定格在了白朗的记忆中,忧戚地回响在白朗的耳边,留给白朗关于萧红颠沛流离、感情多戕的悲哀记忆。

1940 年初到香港时期,萧红难掩孤独与寂寞,给曾经的密友白朗写信,谈到她的心境:

> ……不知为什么,莉,我的心情永久是如此抑郁,这里的一切是多么恬静和幽美,有田,有漫山漫野的鲜花和婉转的鸟语,更有澎湃泛白的海潮,面对着碧澄的海水,常会使人神醉的,这一切不都正是我以住所梦想的佳境吗? 然而呵,如今我却只感到寂寞? 在这里我没有交往,因为没有推心置腹的朋友。因此,常常使我想到你。莉,我将可能在冬天回去。

萧红去世后,白朗在延安得知消息,发表《遥祭萧红》一文,记述了与萧红相交的点滴,文章虽然简短,但对萧红情路的变化和情绪表现有细致的描述。在与萧红的几次相遇中,白朗似乎隐隐地从萧红的情绪感受中预见到了萧红不幸的未来生活。她这样回忆道:"几年来,大家都在到处流亡,我和红也能到处相遇,每次看见她,在我们的促膝密语中,我总感到她内心的忧郁逐渐深沉了,好像有一个不幸的未来在等待着她。"

从白朗的经历可以看出,白朗有着那个时代激进的革命女性共同的个性特征,她们坚强,有着强烈的介入社会活动的热情与毅力。她们对于政治的信仰与热情,政治活动锻造了她们坚强的性格,极大地改变了她们曾经因袭的女性柔弱与依赖性等传统人格。白朗与从小青梅竹马的丈夫罗烽之间的爱情,志同道合的追求历程,使她形成更趋向于女性政治活动家的性格特征。与萧红个人主义式的思想和情感(萧红虽然在思想上看似倾向于左翼,但她对社会活动的淡漠与她自身的情感和文学观念,实则更为个人化)有着极大的差异。因此,从作为密友的白朗对萧红性格中的柔弱与忍让的批评中,我们依然可以看出她们之间性格和思想之间的明显差异。

萧红本质上是一名个人主义者、人道主义者;她渴望爱情,一个真正关心她、尊重她的爱人;在文学追求中她更倾向于自我的感受,对生命的领悟与书写,而非时代感或阶级性。这种个人主义式的诉求方式,个人主义的文学倾向与追求政治归属感的左翼作家不同,这种个人性同时也具有它的另一面,个体必须面对自我的处境,而无所凭依。白朗的政治信仰与组织归属感无疑在艰难中给予她强大的精神力量,而萧红则唯有以郁结的个体感伤应对个人的情感及精神困境。

这两位经历及追求不同的女性对困境的应对展示出性格上完全不同的特点。

但如你那青春的夭折，
我欲向苍天怨诉了！

——萧红与靳以

靳以（1909—1959），作家，天津人，原名章方叙，1932年毕业于复旦大学国际贸易系。1933年起，先后与郑振铎合编《文学季刊》，与巴金合编《文季月刊》。抗战期间任重庆复旦大学教授，兼任《国民公报》副刊《文群》编辑。1940年在永安与黎烈文编《现代文艺》，又任教于福建师专，1944年回重庆复旦大学，抗战胜利后随校迁回上海，任国文系主任，与叶圣陶等合编《中国作家》。

靳以

　　萧红与靳以的文坛之交，源于鲁迅。由于鲁迅与上海文坛的密切关系，萧红得以结识了一些上海文坛的朋友，靳以是其中的一员。鲁迅逝世后，靳以为12位抬棺人之一（巴金和鹿地亘在最前面，后面依次是胡风、曹白；黄源、张天翼；靳以、姚克；吴朗西、周文；萧军、黎烈文。——另一说为14人，增加了欧阳山与沙汀）。这是一个与鲁迅交往过从比较密切的文学圈子,作为鲁迅庇护的青年作家,萧红无疑在这个圈子里是为大家所知晓或了解的。

在上海期间,萧红的一部短篇小说发表于《文学》杂志。鲁迅与上海文坛的关系是密切的,因而在鲁迅的推荐下,萧红的作品得以在上海的《文学季刊》《文学丛刊》《太白》《大公报》《作家》等刊物上发表。而《文学季刊》是由郑振铎和靳以主编的刊物;《文学丛刊》创刊号于 1937 年 3 月 15 日和读者见面,在创刊号上,发表了张天翼和萧乾的两部中篇小说。短篇小说有端木蕻良、刘白羽、艾芜、鲁彦和靳以的共六篇,另有何其芳、萧红的诗,沙汀、李广田、李霁野等人的散文以及巴金的创作谈《家》。萧红的散文集《商市街》由巴金和靳以主编的《文学丛刊》发行,为第二集第十二册,散文集《桥》为《文学丛刊》第三集第十二册。

在这个文学圈中,靳以与萧红之间不仅仅是编辑与作家之间的工作关系,他们之间时常也会有一些聚会。因此,靳以作为文学圈里的友人,对萧红与萧军的生活情况既有眼观,也有耳闻。靳以在回忆文章中提及的咖啡厅聚会,正是鲁迅逝世后,萧红从日本回来,因日本进步作家来上海游历,希望会见许广平,文友们因此聚会的情形,靳以也是其中之一。当时聚会的人们都关切地询问萧红脸上眼旁的青紫伤痕,萧红极力掩饰,而萧军则大大咧咧地承认酒后出手的情形。靳以与萧红之间有比较密切的交往,则应是重庆时期。

萧红只身一人以有孕之身到了重庆。重庆时期,靳以担任复旦大学文学系教授,当时端木也在复旦大学任教。1939 年五六月间,萧红和端木在复旦大学临时校址北碚附近租了一间小屋居住。这年冬天,他们又把家搬到了黄角树镇的一所房子,住在靳以的楼下。作为端木的同事,同时又是从事文学写作的文人,与萧红既是熟悉的文坛旧友,如今更是比邻而居,关系理当更加密切。然而,在靳以的回忆与描述中,相反,却呈现出一种尴尬和不解的状态。这是因为靳以虽是萧红的友人,而他对萧红的同居者端木却非常厌恶,由此使得原本应当亲切的关系相反充满了尴尬。但在作为近邻的这一期间,对于端木与萧红的生活状况与关系状况靳以是较为熟悉的,萧红的生活情状在靳以的视线中,是不幸的。作为文坛老友的靳以对萧红的生活状况极为同情,同时对她的同居者端木则充满了厌烦与批评。

在靳以的记忆中,萧红在重庆的生活状况似乎就没有好过。在靳以看来,萧红与端木的同居生活中,萧红承担了两人生活中更多家庭琐事,甚至端木与佣人有了冲突,出面去解决事情的也是萧红。这个时期的萧红,留给靳以深刻印象的是一张失去血色的、高颧骨的无欢的脸。在靳以的记忆中,这段比邻而居的生活时期,他和萧红有时所有的相对而谈的时刻,谈到关于过去和未来,萧红流露的表情是悲哀的。

在靳以的回忆中这样记述着萧红的重庆生活:

可是就我所知道的她的生活就一直也没有好过,想起她来我的面前就浮起那张失去血色的、高颧骨的无欢的脸,而且我还记得几次她和我相对的时节,说到一点过去和未来,她的大眼睛里就蕴满了泪,一转一转地,几乎就要滴落出来了。

有一个时节她和那个叫做 D 的人同住在一间小房子里,窗口都用纸糊住了,那个叫做 D 的人,全是艺术家的风度,拖着长头发,入晚便睡,早晨 12 点钟起床,吃过饭,还要睡一大觉。在炎阳下跑东跑西的是她,在那不平的山城中走上走下拜访朋友的也是她,烧饭做衣裳是她,早晨因为他没有起来,拖着饿肚子等候的也是她。还有一次,他把一个四川泼辣的女佣人打了一拳,惹出是非来,去调解接洽的也是她。我记得那时她曾气忿地跑到楼上来说:"你看,他惹了祸要我来收拾,自己关起门躲起来了,怎么办呢? 不依不饶的在大街上闹,这可怎么办呢?"

又要到镇公所回话,又要到医院验伤,结果是赔些钱了事,可是这些又琐碎又麻烦的事都是她一个人奔走,D 一直把门关得紧紧的,正如同她所说的那样,"好像打人的是我不是他!"

可是他自有他的事情,我极少到他们的房里去,去的时候总看到他踡缩在床上睡着。萧红也许在看书,或是写些什么。有一次我记得我走进去她才放下笔,为了不惊醒那个睡觉的人,我低低地问她:

"你在写什么文章?"

她一面脸微红地把原稿纸掩上,一面低低地回答说:"我在写回忆鲁迅先生的文章。"

这轻微的声音却引起那个睡着的人的好奇,一面揉着眼睛一咕噜爬起来,一面略带一点轻蔑的语气说:"你又写这样的文章,我看看,我看看……"

他果真看了一点,便又鄙夷地笑起来:"这也值得写,这有什么好写?……"

他不顾别人难堪,便发出那奸狡的笑来,萧红的脸更红了,带了一点气愤地说:"你管我做什么,你写得好你去写你的,我也害不着你的事,你何必这样笑呢?"

他并没有再说什么,可是他的笑没有停止。我也觉得不平,便默默地走了。后来那篇文章我读到了,是嫌烦碎些,可是他不该说,尤其在另一个人面前,而且也不是那写什么花絮之类的人所配说的。

在靳以描述的这些细节中,我们明显可以看出端木蕻良与萧红之间并不和谐:不仅日常家庭生活是不和谐的,甚至在文学写作上,端木也并没有表现出对萧红的足够的尊重与理解。对于两人的结合,靳以得出这样的结论:

当她和 D 同居的时候,在人生的路上,怕已经走得很疲乏了,她需要休息,需要一点安宁的生活,没有想到她会遇见这样一个自私的人。他自视甚高,抹却一切人的存在,虽在文章中也还显得有茫昧的理想,可是完全过着为自己打算的生活。而萧红从他那里所得到的呢?是精神上的折磨。他看不起她,他好

像更把女子看成男子的附庸。她怎么能安宁呢？怎么能使疾病脱离她的身体呢。（《靳以散文集·悼萧红和满红》）

对于萧红的情感状态，无论与萧军还是端木，在靳以看来，萧红都没有找到能够真正尊重她的男性。在靳以的判断中，萧军不断地给予她身体上的折磨，而萧红与端木在一起，端木的自私给予萧红的是精神上的折磨。

端木与萧红后来搬离了复旦大学，直到两人飞赴香港。两人的秘密赴港引起了很多人的不解。靳以也对端木的秘密离开，对友人的不辞而别大为气愤。

两人的香港之行，除了偶遇梅林提及此事外，萧红还叮嘱梅林不要外泄消息。因此，显然他们都不曾打算将他们的香港之行告诉任何一位友人。而且连同住一楼的靳以夫妇也没有通知一声，惹得靳以大发雷霆："不告诉朋友们倒也罢，怎么连大娘都不辞退。……走得这样神秘，这样匆忙，为什么？连我这个老朋友都不告诉？连我都不相信！"尽管靳以非常生气，但他在两人离开后对他们留下的烂摊子的处理却见出了他的宽厚和大度。他帮助辞退保姆并出钱垫付佣金，他又开始为萧红未来的命运担忧了。

萧红到香港后，曾写信给靳以，谈到自己的身体状况和精神状况，虚弱的身体一如从前，更加之情绪的低落。因之，靳以对萧红的近况更为担忧，直到得到萧红的死讯，靳以依旧难以掩饰对萧红情感多戕的不幸命运的愤懑情绪。

而客观说来，萧红的情感之路充斥的这些不快与哀感，非旁观者所能理解。即如靳以，他沉痛于萧红的感情生活中存在的男权中心的客观事实，而这又何尝不是中国社会中大多数家庭的状况，即便现代男性知识分子，在私人生活领域及社会中能真正实践尊重女性独立与平等的又有多少呢！以旁观者的眼光看来，萧红是有名的女作家，但作为家庭中的妻子，料理家务及帮助丈夫抄写手稿则极为普遍，萧红的盛名并不能改变普遍的父权制社会中现代女性在日常家庭的占位情况。

就萧红与端木的状况而言:生长在殷实大户人家的端木,幼年及成长期就习惯于**被服侍**的生活,加之是家中备受宠爱的幼子,衣食无忧,与萧红离家后**困窘**的经历大为不同;更加之端木柔弱的文人气,缺乏萧军式的豪爽与大气,对萧红的疏忽更多源自他的个人性格,个中某些缘由或许只有当事人才能解释清楚。

在激烈的战争熔炉里
锻炼成长的新中国女性

——萧红与史沫特莱

有一位美国女性，她曾与萧红有过两段短暂的交往，并在她主编的《中国的战歌》一书中这样评价萧红："一种在许多方面远比美国女性先进的中国新女性正在炽热的战争铁砧上锻炼成型。一个这样的女人曾和我在霍尔主教乡间住宅共同生活过一个时期。她的名字叫萧红。"这位美国女性，就是中国人民的朋友、美国左翼作家和新闻记者艾格尼丝·史沫特莱。

艾格尼丝·史沫特莱（1890—1950），美国人，美国女作家。1928年12月经苏联来到中国，其在华的身份，先是德国《法兰克福日报》特派记者，继而是英国《曼彻斯特卫报》记者，到1941年因病返美。她在中国度过了12个年头，经历、见证、采访、记录了中国20世纪30年代若干重大历史事件，因而了解当时中国差不多整个社会状貌。

史沫特莱出生于美国社会底层，是矿工之女，自幼生活艰辛。由于天资聪慧和勤奋刻苦，她以多种方式从多种途径获得教育、知识，并得到社会磨炼。

史沫特莱1934年在莫斯科出版《中国红军在前进》，她是第一个向世界报道中国工农红军、中华苏维埃、中国共产党及其领导人的外国记者和作家。

艾格尼斯·史沫特莱

抗日战争爆发后，史沫特莱身着戎装，先随朱德、彭德怀和八路军将士在华北战场，后随从叶挺、项英等率领的新四军将士转战华中华东战场。并为此写下《中国的战歌》和《中国在反击》，被誉为第二次世界大战中优秀的著名的伟大的报告文学。

史沫特莱在中国生活、工作、奋斗的十来年中，与中国现代文坛的许多作家，如鲁迅、茅盾、丁玲、周立波、舒群、徐志摩、萧红等都有过交往。甚至借助于史沫特莱之手，左翼文坛的某些作家作品得以在西方世界传播。她据此记录的与这些作家之间的情谊和事迹，是珍贵的文学史料。

史沫特莱与萧红的相识，源自她与鲁迅的交往。史沫特莱第一次见到鲁迅，如她自己所记，是"1930年仲秋"，时正值上海进步的革命文化界人士提前祝贺鲁迅五十寿辰之际。此前一两天，"一对当教员的夫妇"去拜访她，除向她为《大道》杂志约稿外，请她帮助"租一家外国小餐馆，作为庆贺鲁迅五十寿辰开茶话会和晚餐宴会的场所"。出于对鲁迅的敬仰，当求助者向她详述了防范事故的周密安排后，她便欣然同意以她美国人的身份和名义去租场地。史沫特莱最终为他们租下法租界一家荷兰西餐馆作为场所。

1934年10月，"二萧"到了上海，从此与鲁迅建立了密切的联系，

鲁迅对萧红的文学才能很欣赏，积极向上海文坛引荐"二萧"。

1932年11月,《大地的女儿》中译本在上海出版。1935年,鲁迅向史沫特莱介绍中国左翼文坛的状况,并特意介绍了萧红的小说《生死场》,强调其是"当代女作家所写的最优秀的小说之一"。萧红通过鲁迅认识了史沫特莱,经史沫特莱之手,左翼文坛的一些活动与作品被介绍和传播到美国。史沫特莱的《大地的女儿》也深得萧红的喜爱,在萧红的散文中有两篇与史沫特莱的《大地的女儿》有关。1938年她曾撰文介绍它,并鼓励大学生对此书"非读不可"。到香港后,文协号召会员向青年推荐好书,并撰写书评,端木蕻良推荐了《中国民族解放运动史》和苏联小说《铁流》,萧红则又推荐了《大地的女儿》。

而萧红本人在《大地的女儿》和《动乱时代》一文中写道:

史沫特莱我是见过的,是前年,在上海。她穿一件小皮上衣,有点胖,其实不是胖,只是很大的一个人,笑声很响亮,笑得过分的时候是会流着眼泪的。她是美国人。男权中心社会下的女子,她从她父亲那里就见到了,那就是她的母亲。我恍恍惚惚地记得,她父亲驾着马车来了,带回一张花绸子。这张绸子指明是给她母亲做衣裳的,母亲接过来。因为没有说一声感谢的话,她父亲就责问着:"你永远不会说一声好听的话吗?"男权社会中的女子就是这样的。她哭了,眼泪就落在那张花绸子上。女子连一点点东西都不能白得,哪管就不是自己所想要的也得牺牲好话或眼泪。男子们要这眼泪一点用处也没有,但他们是要的。而流泪是痛苦的。因为泪腺的刺激,眼珠发胀,眼睑发酸发辣,可是非牺牲不可。

《大地的女儿》的全书是晴朗的、艺术的,有的地方会使人发抖到那么真切。

萧红对史沫特莱的欣赏,从她们身为女性,对男权社会中女性被动人格的尖锐感受中有了最初的认同感,而她们的友谊则于后来的香港时期有了更深的发展。

1940 年 9 月,史沫特莱在桂林搭乘运钞机,越过日军战地,飞到香港。这次来港的目的本是治疗痼疾胆囊炎,然后打算回中国内地或去印度支那前线。1941 年春,她来探望四年未见的萧红,看到萧红和端木居住环境的恶劣,她对萧红说:"你这房子象鸽楼一样,空气也沉闷;这样住下去,对你的身体不会有利的。"她深为萧红的健康状况担忧,邀请萧红去她那里居住休养一段时间。并建议萧红离开香港。在此期间,她曾住在香港主教罗伦德·霍尔博士"乡间的家里",和萧红在这里"同住了一个时期"。

萧红与史沫特莱同住霍尔主教的别墅,条件和环境都是格外的优越,她珍惜这短暂的机会奋力写作,但顽固性头疼影响了她,也引起史沫特莱的注意。史沫特莱去玛丽皇后医院治病,便劝萧红也去做检查。

萧红在被诊断出肺病后,在史沫特莱的帮助下,住进了香港玛丽皇后医院,史沫特莱还资助萧红治病。

她劝萧红去玛丽皇后医院休养,并为她奔走接洽,住院费可以打折扣,又送给她一套紫红色大衣、女装上衣和西式裙子,还接萧红到她的住所去吃晚餐。史沫特莱还把她介绍给香港的主教何华明,并说回到美国之后,将设法再为她筹款养病。

回国前,经端木蕻良提议,史沫特莱留下 10 篇关于中国战场等地记录的作品。她也带走了萧红和端木蕻良的一些作品,准备拿到美国翻译发表。萧红还特地请她带去《生死场》一书,转送给美国现实主义作家辛克莱。在哈尔滨期间,她就读过他的作品,排演过他的剧作。

史沫特莱回到美国后,不顾美国政府的刁难和迫害,到各地发表演讲,宣传中国的抗战。同时,她与斯诺前妻海伦·福斯特取得联系。福斯特当时正在主编《亚细亚》月刊,她立即写信向萧红和端木蕻良约稿,并在 9 月号的刊物上,发表了她与别人合译的萧红小说《马房之夜》。辛克莱也及时收到了萧红的书信和赠书,6 月中,辛克莱亲笔回信表示感谢,并回赠了自己的书。

对于萧红的一生,史沫特莱在 1943 年的《中国的战歌》中以萧红的身世经历为代表写就的文章,可以算作是她为萧红写的小传:

一代新的中国女性正在战争中锤炼成长。她们在许多方面比美国女性要先进很多。我同这样一个妇女在霍尔主教乡下的家中一起生活过一段时间,她的名字叫萧红。她的经历是很典型的,1931 年日本侵袭了东三省之后,她从家中逃走了。她的出逃不完全是由于日本人之故,也是由于她富有的双亲逼她接受为她包办的一门亲事。她恰恰赶在日本人进占之前逃离了魔掌,开始时住在北平,之后又相继到了上海、汉口和重庆。只有鲁迅先生第一个把她的处女作《生死场》推荐给中国公众,并称之为一个中国女作家所著的最杰出的现实小说之一。在这以后,这个女孩子出版了她的其他三本著作,其中有一本描写战争的小说是她住在我家中时完成的。像大多数中国现代作家一样,她的生活始终很贫困。像她这样的作家所挣的钱,只能使他们维持贫民阶层的生活水平。因此萧红像她的大多数同行一样,也得了结核病。我把她送进玛丽皇后医院住院治疗,并且在香港沦陷之前一直供给她所需的费用。她在日本占领这个岛屿几天之后就与世长辞了,享年只有 28 岁。

日本人在中国得到了足够的教训,他们懂得了需要玩弄政治欺骗手段。因此他们在占领香港而感到狂喜的最初的那些日子过后不久,就开始施用这种手段。他们自命为把中国人从白人殖民者手中解放出来的救世主。当萧红的丈夫申请将她的遗体火化,并把骨灰带回上海,葬在她的导师鲁迅墓旁时,日本人批准了这个申请。在英国统治政策对香港华人的影响逐渐减弱时,日本人在某些方面的手段却是如此"精明",以至许多中国人选择定居在日本人统治下的香港而不是回国。

史沫特莱对萧红的怜惜和关照,既是友情,也建立在她们彼此共同的文学志趣上,以及她们共有的对底层苦难的深刻同情。出身矿工的史沫特莱的奋斗历程,与萧红冲出家庭的追求意志是相似的,女性的自我成长本质上是相通的。史沫特莱通过辛勤的写作介入现实政治的社会批判立场,与萧红对苦难者的同情,各有特色。萧红在香港时期虽然身体孱弱,但顽强的写作意志不正从另一面展示出她不息的自我追求吗? 史沫特莱和萧红之间,她们的友谊在短暂的相见中酝酿和闪烁的友情的光芒,更是建立在生命真诚的基础上,且充满了对彼此的理解和认同。

流泪是无意味的！

——萧红与绿川英子

　　"一封书信,何日方能到？山遥水远路几千,一别已经年……"

　　绿川英子是日本左翼文化人士,曾经与萧红相识,并在重庆一起生活过一段时间。在这些短暂的时间里,绿川英子观察到萧红感情生活的细微变化。她深有感触地表达了对萧红感情生活不幸的同情,为萧红生活提供了观察和思考的另一重视角。

　　绿川英子,原名长谷川照子,1912 年 3 月 7 日出生于日本山梨县猿桥一个土木工程师家庭,1929 年在东京府立第三高等女子学校毕业后,考入奈良女子高等师范学校(奈良女子大学的前身)。

　　1932 年,绿川英子在奈良女子高等师范学校学习,开始接触世界语,参加了日本无产阶级世界语同盟(著名进步作家秋田雨雀为同盟理事长),并因此进入左翼组织,积极参加左翼文化活动。她组织了奈良女子高等师范学校的文化小组,参加奈良地方左翼工会及文化团体的活动。这时,她把自己的名字改为绿川英子,世界语为VerdaMajo,意为"绿色的五月"。

　　1931 年九一八事变爆发,震动了绿川英子,她表示强烈抗议。1932 年秋,绿川英子被奈良地方警察以"具有危险思想"的罪名逮捕,之后警方以保留对她的起诉权的条件在 1933 年夏释放了她。在毕业前三个月,绿川英子被学校开除校籍。绿川英子出狱后到东京加入了"无产阶级世界语者同盟",参加了世界语妇女组织克拉拉会、日本世界语文学研究会的活动。

1933 年,绿川英子与当时在东京高等师范文科院选学英语的中国留学生刘仁(即刘砥方)相识。1936 年中日战争爆发前夜,绿川英子和刘仁结合。结婚第二年的 1 月和 4 月,刘仁和绿川英子先后回到了中国,积极参加中国共产党领导的抗日爱国斗争。1937 年 4 月,绿川英子来到上海世界语协会工作,编辑《中国在怒吼》的世界语刊物。后来到重庆,为中国共产党的《新华日报》《解放日报》《群众》等报刊撰写文章。绿川英子到达中国后居住的第一个地方是上海。作为日本反战的左翼人士,她目睹了"八·一三"事变日本侵略者带给中国人民的深重灾难,在她的文章《爱与恨》中她表达了自己爱憎分明的情感:"我爱日本,因为那里是我的祖国,在那儿生活着我的父母、兄弟姐妹和亲戚朋友——对他们我有着无限亲切的怀念。我爱中国,因为它是我新的家乡,这儿在我的周围有着许多善良和勤劳的同志。我憎恨,我竭尽全力憎恨正在屠杀中国人民的日本军阀。"

上海失陷后,绿川英子在郭沫若的帮助下,绕道香港、广州来到武汉,参加了国民党中央电台对日播音的播音员工作(此工作一直担任至 1940 年夏)。她全力以赴地向世界揭露日本帝国主义对中国人民犯下的滔天罪行,报道中国人民抗日斗争的英雄事迹。武汉失守后,绿川英子来到重庆,在郭沫若领导的"抗敌文化工作委员会"工作。1941 年 7 月 27 日,在重庆文化界人士的一次聚会上,绿川英子见到了周恩来同志。周恩来笑着对她说:"日本军国主义把你称为'娇声卖国贼',其实你是日本人民忠实的好女儿,真正的爱国主义者。"绿川英子听了很激动,她说:"这对我是最大的鼓励,也是对我微不足道的工作的最高酬答。我愿做中日两国人民忠实的女儿。"

1945 年以后,绿川英子夫妇来到东北解放区,1946 年 2 月到达沈阳,同年冬抵达解放区哈尔滨,担任东北教育委员会委员。1947

年 1 月,东北行政委员会聘请他们为"东北社会调查研究所研究员"。1947 年 1 月 14 日,绿川英子由于人工流产手术感染,不幸在佳木斯逝世,年仅 35 岁。3 个月后,她的丈夫刘仁也因病逝世。佳木斯的党组织和人民群众,为了纪念英勇的国际主义战士,把绿川英子夫妇安葬在佳木斯烈士公墓里。

绿川英子在萧红去世后,回忆与萧红的交往,她的脑海里首先回荡的是一首东北小调:"一封书信,何日方能到?山遥水远路几千,一别已经年。"这首东北小调是她们在重庆一起生活的那段快乐的日子里,萧红教给绿川英子的。

绿川英子与萧红初识于上海,"八·一三"事变后绿川英子从法租界搬到了萧红住处,她和萧红做了一个月的同屋房客。但是当时为了避人耳目,她并没有去拜访萧红,只是每日在灶披间烧饭洗衣服时,看见过萧红的面孔,或听见她在楼上谈话的声音,此时她们的关系是只闻其声但却没有正式会面的"邻人"。这种略见其面与耳闻其声的印象,就是萧红留给绿川英子的最初印象,绿川英子所记述的"巨大的眼睛和响亮的声音"。

她们在重庆正式会面,绿川英子在回忆中写道:

在 1938 年末的重庆街上。那时晨雾未收,照射着湿气的电灯光下,她和旧日一样闪烁着大眼睛,发出响亮的声音,可是从她的身上总有一种不是相隔一年而是相隔数年的感觉。说到这种变化,不仅她个人如此,就在我自己及其他几千万人的身上也是同样刻着的时代的阴影罢了……

是的,我对于她,还是什么也不知道的,随后,这种成见,自从萧红、池田及和我们二人的共同生活相似的人们,终日在不见日光的米花街小胡同内开始生活以来,便渐渐被现实情形所修正了。

恐怕是汉口陷落后,战局告了一个段落及其远隔前线的安闲感中产生出来的吧,我们日里在重庆所具有的享乐生涯中度过,夜里就又落在不与战争相关的闲谈中。在这些场面中,萧便是一个善于抽烟,善于喝酒,善于谈天,善于唱歌的不可少的角色。另一方面,她又常常为临盆期近,不便自由外出为池田煮她所得意的拿手的牛肉,并且像亲姐们一般关心的跟池田闲聊,无所不谈。

在绿川英子的这段描述中,萧红和友人相处的这段日子是心情愉悦的。她与亲如姐妹的池田幸子、绿川英子的女性情谊无疑是令人羡慕的。

绿川英子

但细心的绿川英子还是看出了萧红感情生活潜隐的不幸。在钟耀群的《端木与萧红》中对萧红在池田幸子处居住的情况语焉不详,钟著记述似乎表示萧红只是去友人间串门,而非居住。

绿川英子对萧红隐忍和牺牲的女性依附性颇为不解,基于萧红与端木的关系状态,她描述出一幕想象的场景:萧红在武昌码头辗转迁徙的窘境,大腹便便的萧红撑着雨伞和提着笨重的行李,步履维艰。而她旁边的端木蕻良,则一手拿着司迪克,却不帮助她。这样情境下的萧红则时不时地用嫌恶与轻蔑的眼光瞧了瞧自己那没有满月份的儿子寄宿其中的隆起的肚皮。这幕场景中,显然没有关心与呵护,这幕场景或许昭示了萧红与端木蕻良之间关系的可能状态。

绿川在回忆中沉痛地写道:这是萧红悲剧的后半生最悲剧的一页。在这种只有同性才能感到的同情与愤怒中,留给绿川深刻印象的是一幅绝望的女性情感的画面。

绿川英子与刘仁

　　绿川英子与萧红短暂相聚并生活了一段时间,此后,她们的生活再无交集。她们的相聚虽然短暂,但绿川英子却以敏感的同性身份感受到了萧红在重庆时期感情生活的阴影及潜藏的问题。从姐妹情谊的角度而言,绿川英子敏锐地发现萧红感情生活中存在的问题,她指出萧红与萧军之间固然有着最初的琴瑟和鸣期,但性格上的矛盾与相克使两人感情发展最终走向破裂,根本原因则是其背后存在的作为男性至上的封建遗产。绿川英子敏感地发现,萧红感情生活中女性作为男性附属品的悲剧性。而作为女性作家,萧红对尊严与流泪是无意味的!

　　对于萧红感情生活的矛盾,池田幸子发出这样的感叹:"进步作家的她,为什么一方面又那么比男性柔弱,一股脑儿被男性所支配呢?"池田幸子的感叹,又何尝不是绿川英子的疑惑呢!

　　对于萧红离开她们之后的生活,绿川英子也极为不解。她这样记述道:

　　　　后来萧红离开我们跟端木去过新生活了。不幸,正如我所担心的,这并没有成为她新生活的第一步。人们就不明白端木为什么在朋友面前否认他和她的结婚。尽管如此,她对他的从属性却是一天一天加强了。看见她那巨大的圆眼睛,和听见她那响亮的声音的机会也就日渐减少。于是不久之后，他们就在北碚自囚在只有他们两人的小世界中。专心于创作吗？——谁也无从知悉。就有他们的谜样的香港之行。

作为萧红重庆生活的见证者，绿川英子的回忆文章虽然简短，但她的回忆中那些具体的细节，却真实地再现了萧红某一时期的生活状态。我们在绿川的笔下看到的那个隐忍着感情的痛苦，但展露出豪爽、快乐、体贴而又能干的这一面的萧红，与许广平回忆中呈现的萧红的这一面是何等相似。这些回忆鲜明地展现了萧红的另一面，她并不是一个时时哀怨忧愁的女性，只是感情生活的阴影遮掩了她原本可以展现出的更多的光芒。

生命最终的陪护者

——萧红与骆宾基

1941 年春,在史沫特莱的帮助下,萧红住进了香港玛丽皇后医院。在医院里,萧红的身心略有转机。来探望的朋友有茅盾、杨刚、巴人、骆宾基等。

骆宾基原名张璞君,1917年生于珲春市一个经营茶庄的小商人家中。骆宾基开始记事时,家里已经破产,只能靠变卖存货勉强为生。1933年,骆宾基去北平读高中,因错过了报名时间,只好去北京大学旁听,到国立图书馆读书。1935 年暑期,骆宾基回

骆宾基

到珲春,想赴苏联东方大学就读,但边境已被日本关东军严密封锁,便转赴哈尔滨。在那里他幸运地结识了金剑啸等一批左翼文艺青年,后骆宾基如同大多数东北作家一样,也奔赴上海寻找出路。长篇小说《边陲线上》刚写完前两章,他就迫不及待地寄给鲁迅。当时鲁

迅已重病在身,便回信说一时恐难看稿。1936年10月,《边陲线上》即将收尾,却传来鲁迅逝世的噩耗。骆宾基在悲痛、失望中鼓足勇气致信茅盾。经茅盾推荐,巴人任主编的上海天马书店准备出版《边陲线上》,直到1939年11月,这部反映东北抗日义勇军斗争的长篇小说《边陲线上》,才由巴金任主编的文化生活出版社出版。

整个40年代,骆宾基辗转于桂林、香港、重庆、上海等地从事文学活动。1940年萧红住院期间,骆宾基从桂林来香港谋事,先是求助于茅盾无果,之后求助于端木蕻良,端木蕻良为他提供了《时代文学》编辑的职务,并请求周鲸文安置骆宾基住宿问题。后来端木蕻良托付骆宾基帮忙照顾病中的萧红,因此骆宾基在萧红病中的最后一段时间一直守候在萧红的身边,与萧红深谈,对萧红这一期间的内心情绪有真切的了解。

钟耀群的记述,对这一细节记述颇为详细:

1941年12月8日,太平洋战争爆发,文化界进步人士纷纷逃往内地。端木住的九龙乐道楼上,就能看到铁丝网和炮火。端木立即过海将萧红接回。萧红非常害怕,要端木打电话,请柳亚子先生来,商量怎么办。

这时,端木接到骆宾基电话,说香港眼看要打起来了,他准备回内地去,特向端木辞行并致谢。端木心想,骆宾基光杆一人,不如请他留下来,帮助自己照顾一下萧红,以后可以一起走。因此,就把这个想法向骆宾基说了。骆宾基说当然可以,能够协助端木照顾萧红女士,对自己是莫大的荣幸。当天,他便从香港过海来到九龙乐道8号。这是他第一次,也是唯一的一次来到端木、萧红的家。

端木介绍骆宾基和萧红认识并且告诉萧红,这就是那位困在香港旅馆的青年作家骆宾基。骆宾基仰慕地和萧红握握手,便默默坐在一边了。

自此,骆宾基便开始照顾萧红的病中生活了,直到萧红去世。这段与萧红相处的经历,使骆宾基感触很深,在萧红病逝后的 1946 年骆宾基写作了最早的关于萧红一生的传记《萧红小传》。

　　这一传记是除了萧红的记叙性散文外,最早的关于萧红人生历程的记录。由于其写作时间距离传者生平时间最近,且很多内容来自萧红本人的讲述,因而传记中叙述的很多事件或许比后来的回忆性文章更有说服力。

一、生命的最后四十四天

　　据骆宾基在《萧红小传》中记述,萧红在香港病危时,端木第二次抛弃萧红。1941 年 12 月 8 日太平洋战争爆发之前,骆宾基与萧红仅见过两次,但战争爆发后,直至萧红 1942 年 1 月 22 日逝世的 44 天里,骆宾基一直守护在萧红的身边。

　　骆宾基在《萧红小传·修订版自序》里说:

　　　　从 1941 年 12 月 8 日太平洋战争开始爆发的次日夜晚,由作者护送萧红先生进入香港思豪大酒家五楼以后,原属萧红的同居者对我来说是不告而别。从此以后,直到逝世为止,萧红再也没有什么所谓可称"终身伴侣"的人在身边了。而与病者同生同死共患难的护理责任就转移到作为友人的作者的肩上再也不得脱身了。

　　端木对骆宾基是不辞而别,对萧红说过告别的话。萧红对骆宾基说:"端木是准备和他们突围的。他从今天起,就不来了,他已经和我说了告别的话。"周鲸文证实了这点,他说:"端木初时,有突围的打算。后来因萧红的病日渐加重,改变了主意。"那么当时端木在干什么呢? 钟耀群所著《端木与萧红》中陈述,端木一直在外面为萧红张罗医疗费,寻找安全的地方。

1941 年 12 月 8 日,日军开始攻打香港,当天上午柳亚子来到病房探望萧红,端木和骆宾基都在萧红身旁。

太平洋战争爆发后,骆宾基守候在萧红的身边,他们之间有过深谈。萧红或许感到生命将尽,她内心中积聚着太多的郁结,需要向人倾诉。一个在她生命的最后时刻守候在身边的人,无疑对萧红来说是珍贵的朋友。

对于自己的情感经历,萧红用一段话概括:"你也曾经把我当作一个私生活是浪漫式的作家来看的吧!你是不是在没有和我见面以前就站在萧军那方面不同情我?我知道,和萧军的离开是一个问题的结束,和 T(端木)又是另一个问题的开始。"

萧红对骆宾基说:

> T 是准备和他们突围的。他从今天起,就不来了,他已经和我说了告别的话。我不是已经说得很清楚吗?我要回到伪满(或家乡)去,你(骆宾基)的责任是送我到上海……有一天我还会健健康康地出来,我还有《呼兰河传》的第二部要写……

1941 年圣诞节,香港陷入日军之手。萧红在沦陷前两日旧病复发,再度入院。1942 年 1 月 13 日,因医生怀疑萧红有喉瘤,所以在跑马地养和医院开刀,事后证明实无此症。开刀后的萧红已知自己复原无望,她除了听天由命外,心绪也变得非常糟糕。

18 日,在端木和骆宾基的陪伴下,萧红由救护车从跑马地养和医院转到玛丽皇后医院。此时的萧红已不能言语,用纸笔与跟她相伴 44 天的骆宾基交流。1 月 19 日夜,骆宾基醒来时,萧红微笑着要笔,她在拍纸簿子上写道:"我将与蓝天碧水永处,留得那半部《红楼》给别人写了。"又写下:"半生尽遭白眼冷遇,一身先死,不甘,不甘。"

21 日早晨,萧红和端木、骆宾基谈话,看起来面色红润,精神良好,似乎有恢复的些许迹象,而实际上这却是死亡来临之前的回光返照。这时,她的喉头发炎,然而此时已无人可以救助她了,医院的外籍医生被拘留在日军的集中营里,修女与护士不是逃走就是被抓。

当晚,端木留下陪她,骆宾基自己回到九龙,为了拿回自己的创作手稿。第二天早晨骆宾基赶回时,医院门口已站着日军哨兵,病人全部被赶走了。端木陪同骆宾基到红十字会设在学校的临时医院,端木告诉骆宾基萧红在 6 时左右已昏迷不醒了。11 点,萧红终以喉瘤炎、肺病和虚弱等症逝世。

关于这最后的 44 天,骆宾基在《萧红小传》的修订自序中(1980年)说:

> 一九四一年十一月,萧红在战争期间与战后经过四迁而后进入跑马地养和医院,这已经是战争威胁解除约两周之久了。曾经"不告而别"的 T 君,又同样突然地"不告而来",带来了全部行李,自告奋勇式地表示愿意伴我来陪住了。

据骆宾基记述,萧红对返回的端木,如对"似曾相识"的普通路人,而端木返回后则颇为殷勤。骆宾基此时也因为连日照顾病人,已经疲惫不堪,颇需要休息,因此对端木返回颇为高兴。但萧红则打发端木出去,单独与骆宾基谈话,声明要骆护送她到上海的打算未变,同意骆回"时代批评"书店宿舍去休息一夜,条件是,骆绝对不能离开香港。

二、关于萧红的死

由于香港被日军围困了很多天了,从战争开始,骆宾基就没有回过九龙,他担心自己的手稿是否还在住地,毕竟那是他心血的结晶。

有了这个想法之后,一日趁端木在医院守着萧红,骆宾基到尖沙咀购买了从香港到九龙的船票,由于当晚没买到回来的船票,只好于22 日黎明返回香港玛丽皇后医院。而此时,医院被日军所占领,萧红等已经毫无踪影,当天上午 9 时骆宾基与端木到红十字会设立的临时病院,端木说萧红于凌晨 6 时就已经昏迷了。11 点,萧红病逝。

骆宾基记述了临终前萧红的仪容:

> 她仰脸躺着,脸色苍白,闭着双眼,头发披散地垂在枕后,牙齿还有光泽,嘴唇鲜红,后来逐渐转黄,脸色也逐渐灰暗,喉管开刀处还有泡沫涌出。

埋葬萧红之后,端木蕻良和骆宾基离港经过澳门前往桂林,投靠孙陵。后来二人都被孙陵下了逐客令,据说主要原因是两人打架(骆占上风)。打架之后,骆宾基拿出一封萧红致端木痛骂他的信,然后又拿出萧红临终前笔谈所写的"我恨端木"的小纸条。骆宾基还向孙陵揭穿端木在萧红临终时忙着追求周鲸文有钱的小姨子一事。骆宾基甚至透露了一个更令人吃惊的消息,最后萧红和端木离婚了,称他获得了萧红的爱,萧红答应他康复之后两人共结秦晋之好。20 世纪 80 年代,孙陵在所著《我熟识的三十年代作家》一书《骆宾基》专章记述了这些内容。

根据孙陵的回忆,骆宾基于萧红未逝之前记下了有关萧红作品版权的遗嘱:即《商市街》给她弟弟,《生死场》给萧军,《呼兰河传》给骆宾基,端木蕻良则一无所得。端木与骆宾基到桂林上海杂志公司分公司理论,骆宾基胜诉。但骆宾基后来否认孙陵的说法,说两人冲突与版权无关。但无疑这些萧红死后不久的事件如同闹剧,如果这些事件属实,则只是更加彰显了萧红一生情感遭遇的诡异与不幸。美籍学者葛浩文则尖锐地指出,所有这些男性对于萧红身前或身后的态度与行为,这些利用萧红名誉达到个人目的的自私行为,这种种情况更是证实了萧红一生所经历的不幸却是屡受男性欺凌所致。

这些事件的真实性有待证实,各方各执一词,有不同的说法,根据钟耀群及曹革成著中说法,遗嘱版权事项萧红曾给端木写下遗嘱,被端木撕毁,萧红与端木商量过将《呼兰河传》版税给骆以答谢照顾之恩。而据骆的说法,由于太平洋战争后端木的告别,萧红对后来出现的端木,已视其为路人。遗嘱一事,谁是谁非难以断定,姑且作为不同说法存疑。

　　但从各种回忆与记述中,依然可以判断的是,萧红的住院事宜、住院费用及安置问题,端木蕻良无疑是任务的安排者和负责者。因此从这个角度来说,端木曾经有过告别的计划,但不知何故,后来又于 10 天后返回。无论如何,在妻子病重且极为危险的时刻,即便他将萧红托付给骆宾基照顾,但作为丈夫的端木蕻良却打算离开香港,留下病危中的妻子是难以令人接受的;相反,倒坐实了端木蕻良无情和自私的一面。而且这一事件对病中身心俱悴的萧红来说,无疑端木曾经的告别姿态——是对萧红情感打击最重的事件。由于两人结合后因为性格不谐产生的负面情绪积累,在贫病无力的危难时刻被自己最亲近的人抛弃,萧红的绝望理应得到我们的同情和理解。即便后来端木返回,承担了照顾萧红的责任,但对于一生经历曲折,被抛弃于绝境的心理症结已成为内心阴影的萧红来说,端木的告别无疑将她再次带入曾经的心理恐惧症中,因此端木事后的补救已无法弥合已经开裂的巨大裂缝,这也是合乎情理的。

余　说

在萧红短暂的一生中,虽然情感多舛,但在她有限的生命中,也留下了些许快乐和幸福感,一些珍爱她的亲友对她的呵护和关爱。童年时期祖父对她的怜爱,是萧红关于家庭记忆中温暖的所在。与萧军初遇、相识、相知、相爱时患难与共的爱情,即使后来二人成为陌路,但无改他们曾经共同度过的相濡以沫的那段时光。并且,与萧军的结合也是开启萧红新的人生轨迹的起点,在萧军的扶持和鼓励下,萧红开始了她的写作之路。这些事实都是无法忽视的。

上海时期,鲁迅对"二萧"生活上的关照和创作上的指导与帮助,鲁迅对萧红孩子气天真的欣赏,对萧红才华的鼓励;萧红与许广平之间的女性情谊,以及由鲁迅介绍结识的文坛友人圈,这些对于萧红来说是莫大的幸事。不能不说,这个时期,对于萧红是非常重要的时期,她的代表作《生死场》的发表奠定了她在文坛的声名。

萧红的人际关系中,有两个重要的圈子:东北文人群与鲁迅圈子。这两个圈子也是萧红的主要活动圈。由于鲁迅的引介和影响,萧红的作品和影响得以在文学圈中获得认同,与史沫特莱、池田幸子夫妇、绿川英子的关系正是这种影响的外延,之后在重庆与香港延续了这种友谊;由于战时的流离迁徙,萧红在山西临汾结识了丁玲;从武汉到西安,萧红与端木蕻良的交往则由最初的友谊发展为伴侣。

萧红对端木蕻良的选择在某种程度上影响了她未来的人生选择,相比较于当时大多数文化人士多从山西北上延安的选择,萧红与端木蕻良返回武汉,从武汉到重庆,从重庆到香港的行进旅程稍显不同。

关于香港之行,萧红的许多友人表示不解与异议,甚至也有传记作者将萧红病逝的原因归咎于香港之行。如秋石《两个倔强的灵魂》中的这段叙述:

据端木夫人钟耀群证实:端木与萧红他们去香港的机票,是一位国民党上层人士使的力,在当时战时的陪都重庆,面对日寇飞机一次又一次的狂轰滥炸,达官贵人纷纷逃亡香港。南洋的当口,从决定走到拿到机票,不过一两天的工夫就"迅雷不及掩耳"地成行,事后不能不引发众多重庆文化人的非议。时隔整整六十年后,在上海复旦大学国顺路那座历经半个多世纪的寓所里,提及此事,曾在战时重庆逗留过的著名文艺理论家、年已八旬有五的贾植芳先生同样为萧红当年的香港之行感叹。他告诉笔者说:确确实实,在当时的重庆文化人中引起了不小的反响,特别是对端木蕻良为逃亡香港利用国民党上层人士的关系购买机票微辞不少,而且他们去香港并非是共产党方面的安排。事实上,比他们名气响的人去香港避难的也有,但无不是听从安排。不少人例如胡风夫妇,经组织安排搭乘货运卡车离开重庆,一路上舟楫劳顿,历尽千辛万苦才到达香港。如果不是端木蕻良执意去香港,或是选择昆明(那里同样是文化人聚居,且气候好),萧红也不至于如此重病染身,得不到良好治疗,最终年仅31岁就夭折他乡。

实际上笔者以为,香港之行和萧红之病与病逝虽有直接关联,但很难因此得出香港之行是其悲剧的原因一说。

关于萧红的感情经历及其不幸,萧红的友人大多将其悲剧原因指向男性一方,固然这里体现了他们对萧红的同情和理解,但显然也忽视了作为感情的另一方萧红自身的问题。萧红与端木蕻良之间生活的不和谐,萧红本人是负有一定责任的,她仓促的选择与决定在很大程度上造成了她后来生活的不幸。在两人相处期间友人们并不赞成的态度间接说明了萧红缺乏理智思考的潜在问题,因此我们并不能一味地指责端木的冷漠与自私,或许更重要的是,萧红选择了端木,她就必须面对这种选择背后存在的问题。

同时,萧红的感情问题,最大的原因或许源于她作为一个文坛颇有盛名的女性,在一个依旧以男性为中心的传统社会中生活的悲剧。萧红的才华在以男性为中心的家庭社会中,并不占优势,相反表现出劣势,萧军如此,端木蕻良也如此。这种男性中心主义的文化传统使萧红并不能在家庭生活和两性关系中获得真正的尊重与理解,男性潜意识中对女性服从人格的要求使才女作家萧红处于尴尬的文化结构中。虽然萧军、端木蕻良是启蒙的一代,但根深蒂固的传统文化影响下的性别意识却并不健全。设若萧红只是一个普通家庭妇女,哪里会有这种不被尊重与理解的深层悲哀呢。

萧红感情的问题,并不是简单的性格弱点的问题。就萧红的个案而言,萧红个人经验中的创伤郁结,对孤独的恐惧与忧虑,对感情的过度依赖,对安全感的期待,寻找庇护的焦虑,均表现出症候式的特征。因此,萧红的幸与不幸,均源于此。冷漠的家庭经验、敏感的性格、被幽禁的困境,使萧红对生存具有独特的生命体验与痛苦认知,这成就了她的文学写作,也在某种程度上形成了萧红对感情依赖的心理症结。

关于萧红的传记,迄今已有多种。这之中包括两类传记:一类是由学者撰写的,如肖凤、丁言昭、秋石、葛浩文、叶君等撰写的萧红传记;另一类是由与萧红生命密切相关的当事人及其亲属撰写的传记,如萧军及其女儿萧耘,端木蕻良的妻子钟耀群及其侄子曹革成等。这些传记各有不同视角和叙述。就笔者看来,1946年骆宾基的《萧红小传》及萧红逝世后不久友人的回忆文章由于与传记主人公时间处于同一时代,相去不远,甚至几乎一致,其可信度可能更高些;且《萧红小传》中更有萧红个人的陈述,因此我们或许更可以从萧红个人的视角考察她对自我生命历程中一些问题的感受与思考。学者撰写的萧红传记,他们对萧红人生历程与文学事业的双重关注,无疑书写了一个较为丰富的萧红形象,尤其能结合萧红生平境遇对其作品进行解读与分析,他们的萧红传记中体现出的或同情萧红批评萧军与端木蕻良,或批评萧红之依赖性同情萧军等,均从某种程度上表达了撰写者的情感态度。这些情感态度在笔者看来有些并未体现出理解与同情的立场,如叶君对萧红依赖性的批评忽视了萧红心理情结的因素,也忽视了萧红友人描述萧红豪爽能干的另一面。而更为重要的是,论者无须站在道德的制高点上评判对象,萧红与萧军,萧红与端木蕻良的感情只是社会生活中普通男女感情生活的一个侧面,我们不能因为他们的生活不够完美而指责他们,他们的生活与感情折射的正是并不完美的人生与爱情等日常生活的平凡一面。完美的爱情与家庭是人们的理想,不必放大作为作家的萧红感情与生活并不鲜亮与浪漫的一面,这正是生活的丰富性和复杂性的体现。

当然不可否认,萧红身边的当事人撰写的传记内容无疑可以为读者提供一些与他们当时生活关联的更具体丰富的细节,但即便如此,有些细节由于距离发生时间年代久远,很难留下清晰记忆。更有某些细节由于传主逝去无法确证,因而也无法确定其真实的意义究竟如何。至于年代久远尤其是隔了当事人身份的隔代亲属等相关人的写作,其写作意图与表达内容由于包含太多时代隔膜与人际关系的限制,更难还原当时的真实景象。

策划编辑:陈来胜
责任编辑:孔　欢
装帧设计:张新勇
版式设计:周方亚

图书在版编目(CIP)数据

乱离情愫:萧红的恩怨交往/刘东玲 著.
　—北京:人民出版社,2016.3
(中国近现代文化名人交往丛书/方忠 主编)
ISBN 978－7－01－015393－3

Ⅰ.①乱…　Ⅱ.①刘…　Ⅲ.①萧红(1911～1942)－生平事迹
　Ⅳ.①K825.6

中国版本图书馆 CIP 数据核字(2015)第 247358 号

乱 离 情 愫
LUAN LI QING SU
——萧红的恩怨交往

刘东玲 著

人 民 出 版 社 出版发行
(100706　北京市东城区隆福寺街 99 号)

环球东方(北京)印务有限公司印刷　新华书店经销

2016 年 3 月第 1 版　2016 年 3 月北京第 1 次印刷
开本:710 毫米×1000 毫米 1/16　印张:14.5
字数:198 千字　印数:0,001－5,000 册

ISBN 978－7－01－015393－3　定价:30.00 元

邮购地址 100706　北京市东城区隆福寺街 99 号
人民东方图书销售中心　电话 (010)65250042　65289539